IBIKI MORINO

LES NINJAS D'OTO NO KUNI

KANKURÔ

GAARA

ANKO MITARASHI

TEMARI

EN COMPAGNIE DE SASUKE ET DE SAKURA, NARUTO, LE PIRE GARNEMENT DE L'ÉCOLE DES NINJAS DU VILLAGE CACHÉ DE KONOHA, POURSUIT SON APPRENTISSAGE.

À PRÉSENT QU'ILS FORMENT UNE ÉQUIPE D'APPRENTIS NINJAS, LES TROIS JEUNES GENS ACCOMPLISSENT DIFFÉRENTES MISSIONS. AINSI, ILS SONT CHARGÉS DE LA PROTECTION DE TAZUNA, UN ARTISAN SPÉCIALISÉ DANS LA CONSTRUCTION DE PONTS. CETTE MISSION SE SOLDE PAR LA MORT DE ZABUZA ET DE HAKU, MAIS NARUTO ET SES COMPAGNONS ACCOMPLISSENT LEUR TRAVAIL ET RENTRENT SAINS ET SAUFS AU VILLAGE CACHÉ DE KONOHA...

LÀ, ILS SE TROUVENT RAPIDEMENT CONFRONTÉS À UN GROUPE D'ASPIRANTS NINJAS VENUS D'UN AUTRE VILLAGE ! CEUX-CI SONT VENUS À KONOHA POUR PASSER L'EXAMEN DE SÉLECTION DES NINJAS DE "MOYENNE CLASSE". KAKASHI PROPOSE À SES ÉLÈVES DE SE PRÉSENTER, EUX AUSSI, À CET EXAMEN. ET C'EST PARTAGÉS ENTRE L'EXCITATION ET L'APPRÉHENSION, QUE NARUTO, SASUKE ET SAKURA VONT DÉPOSER LEUR FORMULAIRE DE CANDIDATURE. IL NE RESTE QUE TRÈS PEU DE TEMPS AVANT LE DÉBUT DE L'EXAMEN, MAIS LES ENNUIS COMMENCENT DÉJÀ...!

sommaire

37e ÉPISODE : SHARINGAN VS TAIJUTSU...!

PAR-
FAITE-
MENT
!!!

SE
BATTRE ?
ICI ET
MAINTENANT
...!?

AH
...

!!

FWAP

タン

FWUP

スタッ

STAP

JE T'AI DIT MON NOM AVANT DE TE DEMANDER LE TIEN.

JE M'APPELLE ROCK LEE.

POURQUOI ME LE DEMANDER, SI TU LE CONNAIS DÉJÀ ?

ÇA TE VA COMME ÇA, SASUKE UCHIWA...?

... FACE AU DESCENDANT DE LA PLUS CÉLÈBRE LIGNÉE DE NINJAS !

JE MEURS D'ENVIE DE TESTER CE QUE VALENT MES TECHNI-QUES...

ZAM

BATTONS-NOUS !

ET PUIS...

FLOP

PATCH

!

scrutt

SES CILS QUI DÉPASSENT !! QUELLE HORREUR !!

AU SECOOUURS !!

POUR TOI, MON ANGE !!

FWUP

SANS PARLER DE SES ÉNORMES SOUR- CILS...

ET PUIS SA COUPE DE CHEVEUX EST AFFREU- SE...

...

...

BRR

BRR

COUIC COUIC

HAA

HAA

BRR

BRR

SPAC

PFYUUU... C'EST PASSÉ PRÈS...

KYAAAAH !!!

!!

#IV !!

WHAP !!

BLONG

DIS DONC, TOI ! ARRÊTE DE M'ENVOYER DES TRUCS RÉPUGNANTS COMME ÇA !

J'AI FAILLI ME FRACASSER LE CRÂNE POUR L'ESQUIVER !

GRRRR !! C'EST ENCORE CE MAUDIT SASUKE QUI A LA VEDETTE !! Y EN A MARRE !!

JE NE VOIS PAS CE QU'IL Y A DE RÉPU-GNANT...

PUISQUE TU AS TELLEMENT L'AIR DE TENIR À LE VÉRIFIER...

FRAN-CHEMENT, TU DOIS ÊTRE FOU, OU IGNORANT... À MOINS QUE CE NE SOIT LES DEUX...

TU OSES ME DÉFIER, ALORS QUE TU CONNAIS MON NOM...

... JE VAIS TE FAIRE UNE DÉMONS-TRATION DES POUVOIRS DE LA LIGNÉE UCHIWA, GROS SOURCILS.

BIEN DIT !!

REGARDEZ-MOI, MAÎTRE GAÏ ! JE VAIS LEUR MONTRER !!

PAS SI VITE !

ZOM

JE NE PENSAIS PAS POUVOIR ME MESURER SI RAPIDEMENT AU MEILLEUR ASPIRANT DE KONOHA !

AVEC GRAND PLAISIR !

ZOM

QUELLE CHANCE !

12

ÇA SERA L'AFFAIRE DE 5 MINUTES !

C'EST MOI QUI M'OCCUPE DE GROS SOURCILS !

C'EST CONTRE LE DESCENDANT DE LA FAMILLE UCHIWA !

MAIS MOI, CE N'EST PAS CONTRE TOI QUE JE VEUX ME BATTRE.

TADADA

DASH

"SASUKE", "SASUKE" !! VOUS COMMENCEZ SÉRIEUSEMENT À M'ÉNERVER, TOUS, À N'EN AVOIR QUE POUR LUI !!

FWUSH

スッ...

WOW... C'EST QU'IL A L'AIR DE SE DÉFENDRE, LE BOUGRE...

FACE À MOI, AUCUN DE VOUS NE FAIT LE POIDS.

JE VOUS PRÉVIENS...

C'EST TOUT SIMPLEMENT PARCE QUE JE SUIS LE PLUS FORT PARMI TOUS LES ASPIRANTS NINJAS DE KONOHA !

OUILLE...

... ET JE VAIS VOUS DIRE POURQUOI.

C'EST VRAI QU'IL A ARRÊTÉ MON COUP DE PIED À MAIN NUE... CE N'EST PAS À LA PORTÉE DE N'IMPORTE QUI... JE ME DEMANDE QUEL TYPE DE NINJUTSU IL UTILISE...

WHAAM

ÇA DEVIENT INTÉRESSANT ! ON VA VOIR CE QUE TU SAIS FAIRE...

16

IL VA BIENTÔT ÊTRE 16H00, IL NE NOUS RESTE MÊME PAS UNE DEMI-HEURE POUR ALLER DÉPOSER NOS FORMULAIRES D'INSCRIPTION...

ARRÊTE ÇA, SASUKE !

!

AH !

SASUKE !!

T'INQUIÈTE PAS ! 5 MINUTES ME SUFFIRONT LARGEMENT !!!

DASH

FWOOOSH

PARDONNEZ-MOI, MAÎTRE GAÏ... JE VAIS PEUT-ÊTRE DEVOIR BRISER L'INTERDIT ET...

...AVOIR RECOURS À LA TECHNIQUE SECRÈTE...

C'EST PARTI !!

18

!!

QUOI ?!

FLLIP

ズッ

SASUKE!!!

ドサ

SDOM

SON COUP EST PASSÉ À TRAVERS MA GARDE !

QU'EST-CE QUE C'ÉTAIT QUE ÇA...? UNE TECHNIQUE DE NINJUTSU, OU BIEN DE GENJUTSU...?!

COMMENT EST-CE POSSIBLE...? SASUKE S'ÉTAIT POURTANT MIS EN GARDE...

SBLAM

ドサ

AOUCH... QU... QUE S'EST-IL PASSÉ...?

...

VOICI DONC LE FAMEUX "SHARIN-GAN"...

COMMENT SE FAIT-IL QU'IL AIT LE SHARINGAN...? ET DANS LES DEUX YEUX, EN PLUS !

SASUKE... COMMENT EST-CE POSSIBLE...

SI SON POUVOIR EST BIEN DU MÊME TYPE QUE CELUI DE MAÎTRE KAKASHI, IL VA POUVOIR TROUVER LA FAILLE DANS LES ATTAQUES DE GROS SOURCILS !!!

JE LE SAVAIS ! SASUKE EST VRAIMENT EXCEPTIONNEL !

DASH

IL NE VA FAIRE QU'UNE BOUCHÉE DE CE GUIGNOL !!

C'EST FOU ! SASUKE EST DE PLUS EN PLUS FORT...

IL EST BIEN LE DIGNE DESCENDANT DE LA LIGNÉE UCHIWA !!

NINJUTSU OU GENJUTSU... EN TOUT CAS, IL Y A DE L'OCCULTISME LÀ-DESSOUS...

...ET JE VAIS PERCER CE MYSTÈRE !!!

LE SHARINGAN N'A PAS FONCTIONNÉ ...!!

QUOI ?!

TOUT JUSTE ! IL NE S'AGIT NI DE NINJUTSU, NI DE GENJUTSU !

ZUP

POUR QU'IL SOIT MIS EN ÉCHEC, IL FAUDRAIT QUE ?!

C'EST IMPOSSIBLE ! AUCUNE TECHNIQUE NE PEUT RÉSISTER AU SHARINGAN...

AH ! LA TECHNIQUE DE "L'OMBRE DE LA FEUILLE MORTE"* !!

SA... SASUKEEE !!!

ZWOOOSH

FWOOSH

HMM ?

* TECHNIQUE TAÏJUTSU DE KONOHA. IL S'AGIT D'UNE TECHNIQUE DE POURSUITE QUI CONSISTE À SE GLISSER SOUS L'ADVERSAIRE EN TRAIN DE CHUTER, COMME L'OMBRE D'UNE FEUILLE MORTE.

DIFFICILE À CROIRE, PAS VRAI ?

TOUT JUSTE ! MAINTENANT, TU COMPRENDS QUE TOUTES MES TECHNIQUES NE SONT QUE DU TAÏJUTSU...

QU... QU'EST-CE QUE TU VEUX DIRE ?!

C'EST VRAI QUE CETTE PUPILLE FABULEUSE EST TRÈS EFFICACE LORSQU'IL S'AGIT DE DÉJOUER LES ATTAQUES NINJUTSU ET GENJUTSU, POUR LESQUELLES IL EST NÉCESSAIRE DE COMPOSER DES SIGNES DES MAINS AFIN DE MALAXER LE CHAKRA.

MAIS DANS LE CAS DES TECHNIQUES TAÏJUTSU, C'EST UN PEU DIFFÉRENT, N'EST-CE PAS...?

ON PRÉTEND QUE LE SHARINGAN PERMET D'ANTICIPER TOUTES LES TECHNIQUES GENJUTSU, TAÏJUTSU ET NINJUTSU.

EN D'AUTRES MOTS, TON ŒIL T'INFORME, MAIS TON CORPS EST DANS L'IMPOSSIBILITÉ DE RÉAGIR... SI BIEN QUE TON SHARINGAN EST COMPLÈTEMENT INUTILE !

ET BIEN, MÊME SI TU PARVIENS À VOIR MES MOUVEMENTS À L'AVANCE, J'EXÉCUTE MES ATTAQUES À UNE VITESSE TELLE QUE TU N'AS PAS LE TEMPS D'AMORCER LE MOINDRE MOUVEMENT D'ESQUIVE...

JE VAIS TE LE PROUVER SUR-LE-CHAMP !

MALHEUREUSEMENT POUR TOI, TON SHARINGAN NE PEUT RIEN CONTRE MES TECHNIQUES PERFECTIONNÉES DE TAIJUTSU.

ÉVIDEMMENT, TOI, TU APPARTIENS À LA PREMIÈRE CATÉGORIE...

ET MOI, À LA SECONDE. J'AI DÛ M'ENTRAÎNER DUR POUR ACQUÉRIR UNE GRANDE MAÎTRISE DES TECHNIQUES TAIJUTSU.

TU SAIS, BIEN SÛR, QU'IL Y A CEUX QUI SONT DOTÉS DÈS LA NAISSANCE D'UNE FORCE PARTICULIÈRE, ET CEUX QUI, AU CONTRAIRE, DOIVENT TRAVAILLER D'ARRACHE-PIED POUR ACCROÎTRE LEUR PUISSANCE.

QU'A-T-IL L'INTENTION DE FAIRE ?!

TU VAS VOIR QUE, GRÂCE À UN TRAVAIL ACHARNÉ, ON PEUT SURPASSER LES DONS NATURELS !

AH !!!

SCRUP

STAC

!!

HMM ?

WHAM

ÇA SUFFIT COMME ÇA, LEE !!!

!!

28

GLOUPS

... CETTE TORTUE EST LE MAÎTRE DE GROS SOURCILS ?!

?

C'EST ÇA ! Y A PAS DE DOUTE !!!

M... MAIS SOYEZ ASSURÉ QUE... QUE JE N'AVAIS PAS DU TOUT L'INTENTION D'UTILISER LA TECHNIQUE SECRÈTE...

GLAGLA GLA GLA

C'EST BIEN UNE TORTUE, ÇA ?

HEIN ?

SAKURA... DIS-MOI SI JE ME TROMPE...

!

HÉ ! HÉ !

!

QU'EST-CE QUI T'ARRIVE...

B... B...

!!

!

KSHLLLING

BEEUURGHH!!!

SES SOURCILS SONT ENCORE PLUS ÉPAIS QUE CEUX DE SON ÉLÈVE !!

GRRR

ÇA SUFFIT !! JE VOUS INTERDIS DE VOUS MOQUER DE MAÎTRE GAÏ !!

WOW... QUELLE TOUFFE... !

C'EST LA PREMIÈRE FOIS QUE JE VOIS ÇA...

ET CETTE COUPE AU BOL ! INCROYA-BLE...

QUEL-LE TOI-SON !!!

LEE !!!

JE VAIS TE... !!

OLLA, MAÎTRE...

FWLP

QUELLE AUTRE RÉACTION VOUDRAIS-TU QU'ON AIT FACE À DEUX ÉNERGUMÈNES COMME VOUS ?!

GRRR

LA FERME !!!

ESPÈCE D'IMBÉCILE !!!

HUMPF!!!

SBLASH

SDOM

M... MAÎTRE...!!

LEE ! ESPÈCE DE... ESPÈCE DE...

QUOI?!

!!

...

MAÎTRE!!!

GNUUF

ÇA SUFFIT, MON PETIT LEE ! NE DIS PAS UN MOT DE PLUS, C'EST INUTILE !!

J... JE...

MAÎTRE...

COMMENT AI-JE PU ME FAIRE BATTRE PAR CE TYPE...

WHAAA...

?!

ÇA VA PAS LA TÊTE, TOI ! C'EST LOUCHE, OUI ! TRÈS LOUCHE !!

VOUS AVEZ VU ÇA ? C'EST VACHEMENT ÉMOUVANT, NON ?

TU ES JEUNE, C'EST NORMAL DE COMMETTRE DES ERREURS À TON ÂGE !

MAÎTRE !!!

POUR ÇA, TU RECEVRAS UNE PUNITION COMME IL SE DOIT, APRÈS L'EXAMEN DE SÉLECTION DES NINJAS DE CLASSE MOYENNE ! ♡

MAIS JE N'OUBLIE PAS QUE TU ÉTAIS SUR LE POINT D'ENFREINDRE L'INTERDIT ! ... ET D'UTILISER LA TECHNIQUE SECRÈTE POUR RÉGLER CETTE PETITE BAGARRE.

BIEN, MAÎTRE !!!

VOUS ÊTES TROP BON, MAÎTRE...

SÈCHE TES LARMES, LEE ! C'EST EN FAISANT CE GENRE D'ERREURS QUE L'ON APPREND...

VOUS ÊTES TROP BON, MAÎTRE...

DITES ! DITES ! ET LA TORTUE ? QU'EST-CE QU'ELLE FAIT LÀ ?

ILS SONT RIDICU-LES...

...

À VOS ORDRES, MAÎTRE !!

TU FERAS 500 TOURS DE LA SALLE D'ENTRAÎNEMENT AU PAS DE COURSE !

CE SONT LES ÉLÈVES DE KAKASHI...

GYAAA... IL NOUS REGARDE !

OH !

CES ENFANTS... OUI, CE SONT BIEN EUX...

scruff

HÉ HÉ HÉ...

SI JE LE CONNAIS ? OUI ! UN PEU QUE JE LE CONNAIS !

J'ESPÈRE QU'IL SE PORTE BIEN !

DITES-MOI, LES ENFANTS... COMMENT VA VOTRE MAÎTRE, KAKASHI ?

V... VOUS CONNAISSEZ MAÎTRE KAKASHI...?

À VOS ORDRES !!

FWIP

?

HEIN?!

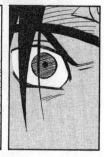

!! POF

TOUT
LE MONDE
NOUS CONSIDÈRE
COMME DES
"RIVAUX ÉTERNELS",
LUI ET MOI...

JE... JE NE L'AI PAS VU SE DÉPLACER !!!

QUE...

50 VICTOIRES, 49 DÉFAITES.

IN... INCROYABLE ...QUELLE VITESSE PRODIGIEUSE !! IL EST ENCORE PLUS RAPIDE QUE MAÎTRE KAKASHI !!!

C'EST SURHU-MAIN...

C'EST MOI QUI AI L'AVANTAGE. JE SUIS PLUS FORT QUE KAKASHI, VOYEZ-VOUS...

PLUS FORT QUE MAÎTRE KAKASHI...? BON SANG !

CA N'A PAS L'AIR D'ÊTRE UNE BLAGUE...

DÉSOLÉ POUR LE PETIT CONTRETEMPS QUE VOUS A CAUSÉ LEE... EXCUSEZ-LE !

POUR LA PEINE, JE VOUS FAIS UN BEAU SOURIRE...

JE N'EN REVIENS PAS...

ALORS ?! CA VOUS ÉPATE, HEIN ?! MAÎTRE GAÏ EST LE PLUS FORT !!

BON ! VOUS FERIEZ BIEN D'ALLER DÉPOSER VOS FORMULAIRES ! ET TOI AUSSI, LEE ! IL NE RESTE PLUS BEAUCOUP DE TEMPS !

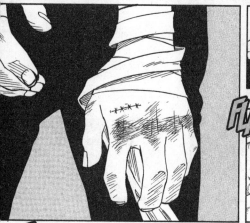

AH...!

SI J'AI DÉCIDÉ DE PARTICIPER À CET EXAMEN, C'EST AFIN DE TESTER MES CAPACITÉS.

SASUKE...

POUR TERMINER, IL NE ME RESTE QU'UNE CHOSE À TE DIRE...

GNUP

STAP

BON COURAGE, LEE !

À PLUS TARD !

OUI, MAÎTRE !

TIENS-TOI PRÊT, SASUKE ! LES ÉPREUVES SERONT RUDES !!

FWAP

...

JE NE SUIS PAS L'ASPIRANT LE PLUS FORT DE KONOHA. CELUI QUI PEUT PRÉTENDRE À CE TITRE FAIT PARTIE DE MON ÉQUIPE.

TOUT À L'HEURE, JE T'AI MENTI.

MON BUT EST DE LE SURPASSER... ET TOI AUSSI, TU ES SUR MA LISTE.

SASUKE...

ET BEN... FRANCHEMENT...

GNNHH

TSS... FERME-LA, TU VEUX ?

NARUTO !!!

PAS TERRIBLE, LA LIGNÉE DES UCHIWA...

PEUH ! ÇA TE VA BIEN DE DIRE ÇA, APRÈS LA RACLÉE QUE TU VIENS DE PRENDRE !

NON MAIS ! NARUTO ! TU VAS UN PEU TE TAIRE !!

LA PROCHAINE FOIS, JE L'ÉTALERAI...

TOI AUSSI, TU AS VU SES MAINS, PAS VRAI...?

KZIIIM

NOTRE AMI GROS SOURCILS A DÛ SUIVRE, JOUR APRÈS JOUR, UN ENTRAÎNEMENT EXTRÊMEMENT RIGOUREUX...

DES BLESSURES PAREILLES NE SE FONT PAS TOUTES SEULES !

PLUS RIGOUREUX QUE LE TIEN, SASUKE...

...

SASUKE...

GNIP

HUM !

INTÉRESSANT...

GNIP

GŪ

FŪ

FWIP

TIENS, TIENS... SAKURA EST DONC VENUE, ELLE AUSSI...

QU'EST-CE QUE VOUS VOULEZ DIRE...?

PARFAIT ! VOUS ALLEZ DONC POUVOIR VOUS INSCRIRE EN BONNE ET DUE FORME...

AH BON ? MAIS POURTANT, VOUS AVEZ BIEN DIT QUE CHACUN ÉTAIT LIBRE DE DÉCIDER PAR SOI-MÊME... C'ÉTAIT UN MENSONGE ?

ET BIEN, EN FAIT, IL FAUT ÊTRE UNE ÉQUIPE DE TROIS POUR PARTICIPER À CET EXAMEN DE SÉLECTION. SINON, L'INSCRIPTION N'EST PAS ADMISE...

TU SERAIS DONC VENUE ICI, SANS ÊTRE VRAIMENT DÉCIDÉE À PASSER LES ÉPREUVES, MAIS JUSTE POUR FAIRE PLAISIR À SASUKE, ET PUIS AUSSI UN PEU À NARUTO...

MÊME SI TU N'EN AVAIS PAS ENVIE, UN SEUL MOT DE SASUKE AURAIT SUFFI...

SI J'AVAIS DIT LA VÉRITÉ, SASUKE ET NARUTO T'AURAIENT SANS DOUTE CONVAINCUE DE PARTICIPER...

ENFIN ! LA QUESTION NE SE POSE PAS, PUISQUE VOUS ÊTES VENUS ICI DE VOTRE PROPRE VOLONTÉ ! VOUS FAITES UNE BELLE ÉQUIPE ! JE SUIS FIER DE VOUS !

ALLEZ-Y !

JE LEUR AURAIS DIT DE REBROUSSER CHEMIN... C'EST POUR ÇA QUE JE VOUS ATTENDAIS ICI.

ÇA VEUT DIRE QUE SI SASUKE ET NARUTO N'ÉTAIENT VENUS QUE TOUS LES DEUX, ILS...

ALLEZ ! C'EST PARTI !!!

ギィ GNIIIC

39e ÉPISODE : LES RIVAUX !!

99 EPISODE: LES RIVAUX !!

SA...
SALUT...

JE NE M'ATTENDAIS PAS À VOUS TROUVER TOUS, RÉUNIS ICI !

ALORS COMME ÇA, NOUS NOUS RETROUVONS TOUS À PASSER CET EXAMEN ! LES NEUF NOUVEAUX ASPIRANTS DE L'ANNÉE !

JE SUIS CURIEUX DE VOIR QUELLE ÉQUIPE S'EN TIRERA LE MIEUX.

QUELS SONT TES PRONOS- TICS, SASUKE ?

TSSS ! VOUS ÊTES LÀ, VOUS AUSSI ? EH BEN...

C'EST QU'ON S'EST BIEN ENTRAÎNÉS, VOIS-TU... ON VA VOUS BATTRE À PLATES COUTURES !

HE HE HE !!

FERME-LA !! TU PEUX PEUT-ÊTRE BATTRE SASUKE... MAIS MOI, TU NE M'AURAS JAMAIS !!

PFUIH... TU M'AS L'AIR D'AVOIR BIEN CONFIANCE EN TOI, KIBA.

SCRUUUTT

?

HUM... JE ME DEMANDE QUEL GOÛT IL A, CE CHIEN...

CE N'EST PAS CE QUE KIBA VOULAIT DIRE, IL...

P... PAR-DON, NARU-TO...

COUP COUP

モジモジ

Crumch   Crumch

ÉQUIPE KURENAI N° 8 KIBA INUZUKA ET AKAMARU

LE PIRE DES FRIMEURS ! IL SE PROMÈNE TOUJOURS AVEC SON CLÉBARD ET IL SE PREND POUR LE CHEF. INSUPPORTABLE !!

ÉQUIPE KURENAI N° 8 HINATA HYÛGA

UNE FILLE ÉTRANGE QUI DÉTOURNE LES YEUX DÈS QU'ELLE CROISE MON REGARD ! PLUTÔT RÉSERVÉE ET TIMIDE.

!!

VOUS DEVRIEZ FAIRE UN PEU MOINS DE BRUIT !

HÉ ! VOUS, LÀ-BAS !!!

SHINOBI

ÉQUIPE KURENAI N° 8 SHINO ABURAME

CELUI-LÀ, JE N'ARRIVE PAS À LE CERNER. EN TOUS CAS, C'EST PAS LE GENRE DE TYPE QUE J'APPRÉCIE...!

AVANT L'EXAMEN, TOUT LE MONDE EST TENDU, L'AMBIANCE EST ÉLECTRIQUE. J'AI PRÉFÉRÉ VOUS AVERTIR AVANT QUE VOUS NE VOUS FASSIEZ METTRE EN PIÈCES PAR L'UN DE CES GROUPES.

CEUX QUI SONT DERRIÈRE VOUS, CE SONT LES GARS DU VILLAGE CACHÉ DE LA PLUIE. ILS NE SONT PAS RÉPUTÉS POUR LEUR PATIENCE, SI VOUS VOYEZ CE QUE JE VEUX DIRE...

WOW...

MOI AUSSI, J'ÉTAIS COMME VOUS, LA PREMIÈRE FOIS !

ENFIN ! C'EST NORMAL QUE VOUS NE SACHIEZ PAS ENCORE COMMENT VOUS COMPORTER, ÉTANT DONNÉ QUE C'EST VOTRE PREMIÈRE PARTICIPATION !!!

C'EST LA SEPTIÈME !

NON...

L'EXAMEN N'A LIEU QUE DEUX FOIS PAR AN, MA PREMIÈRE PARTICIPATION REMONTE DONC DÉJÀ À 4 ANS...

OUI...

KA... KABUTO, C'EST BIEN ÇA ?

TU VEUX DIRE QUE C'EST LA DEUXIÈME FOIS QUE TU TENTES L'EXAMEN ?

TOUT EST SUR CES CARTES NINJAS.

HE HE... COMME VOUS M'ÊTES SYMPATHIQUES, JE VAIS VOUS DONNER QUELQUES TUYAUX QUI POURRONT VOUS ÊTRE UTILES.

FWIP

SHINOBI

WOW ! C'EST LA CLASSE !

MOUI... UN PEU...!

MAIS ALORS, TU DOIS SAVOIR PLEIN DE CHOSES SUR LE DÉROULEMENT DES ÉPREUVES ?!

FRRSH

FRRSH

FTOP

POUR DIRE LES CHOSES SIMPLEMENT, CE SONT DES CARTES SUR LESQUELLES LES INFORMATIONS ONT ÉTÉ INSCRITES ET ENCODÉES GRÂCE AU CHAKRA.

DES "CARTES NINJAS" ?

SEUL, L'USAGE DE MON PROPRE CHAKRA PERMET D'AVOIR ACCÈS AUX INFORMATIONS... REGARDEZ CECI, PAR EXEMPLE...

QU'EST-CE QU'IL FAUT FAIRE ?

À PRÉSENT, J'AI PRÈS DE 200 CARTES.

IL M'A FALLU QUATRE LONGUES ANNÉES POUR RASSEMBLER TOUS CES RENSEIGNE-MENTS.

FWIP

POF

AU PREMIER ABORD, ELLES SEMBLENT TOUTES BLANCHES. C'EST UNE PROTECTION.

FWIP

FWIP FWIP

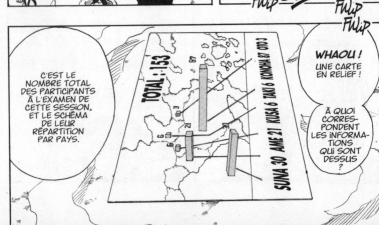

C'EST LE NOMBRE TOTAL DES PARTICIPANTS À L'EXAMEN DE CETTE SESSION, ET LE SCHÉMA DE LEUR RÉPARTITION PAR PAYS.

TOTAL : 153

87

SUNA 30 AME 21 KUSA 6 TAKI 6 KONOHA 87 OTO 3

WHAOU ! UNE CARTE EN RELIEF !

À QUOI CORRES-PONDENT LES INFORMA-TIONS QUI SONT DESSUS ?

AS-TU DES CARTES SUR LESQUELLES FIGURENT DES INFORMATIONS DÉTAILLÉES SUR UN CANDIDAT EN PARTICULIER ?

DONNE-MOI LA DESCRIPTION DE CEUX QUI T'INTRIGUENT, ET JE TE TROUVERAI LES CARTES CORRESPONDANTES.

BIEN SÛR, J'AI ÇA. JE SAIS QUASIMENT TOUT SUR TOUS LES CANDIDATS DE CETTE SESSION... VOUS Y COMPRIS, ÉVIDEMMENT.

HÉ HÉ... POURQUOI ? IL Y A QUELQU'UN QUI T'INQUIÈTE ?

FLIP

FWUSH

ミ一ヅ

GAARA DU VILLAGE CACHÉ DE SUNA NO KUNI, ET ROCK LEE, DE KONOHA.

PARFAIT ! SI TU CONNAIS LEURS NOMS, ÇA VA ÊTRE VITE FAIT.

MONTRE-MOI.

HMM... JE SUIS LARGUÉ LÀ, MAIS JE VAIS FAIRE CELUI QUI COMPREND CE QUI SE PASSE !

FWIP

SHINOBI SHINOBI

COM-
MEN-
CONS
PAR
ROCK
LEE.

BEAUCOUP L'AVAIENT
REMARQUÉ L'ANNÉE
DERNIÈRE, LORSQU'IL A
ÉTÉ NOMMÉ ASPIRANT.
MAIS IL NE S'EST PAS
PRÉSENTÉ À L'EXAMEN
DE SÉLECTION DE
MOYENNE CLASSE.

KONOHA

TAIJUTSU

GENJUTSU

NINJUTSU

A
B
C 11
D 20

LIGNÉE   ARMES NINJAS

C'EST
SA PREMIÈRE
TENTATIVE, TOUT
COMME VOUS... LES
AUTRES MEMBRES
DE SON ÉQUIPE
SONT NEJI HYÛGA
ET UNE JEUNE
FILLE DÉNOMMÉE
TENTEN...

IL EST UN
AN PLUS ÂGÉ
QUE VOUS.

IL A EFFECTUÉ
20 MISSIONS DE
RANG D, ET 11 MISSIONS
DE RANG C. CHEF D'ÉQUIPE :
GAÏ... DEPUIS UN AN, IL
A RÉALISÉ DES PROGRÈS
FULGURANTS EN
TECHNIQUE DE TAIJUTSU.
PAR CONTRE, POUR LE
RESTE, C'EST TRÈS
MOYEN...

C'EST À
PEU PRÈS TOUT
CE QUE JE SAIS SUR
LUI. COMME IL VIENT
DE L'ÉTRANGER, LES
INFORMATIONS
SONT MOINS
NOMBREUSES...

SUNA

TAIJUTSU

GENJUTSU

NINJUTSU

ARMES
NINJAS

LIGNÉE

A 1
B 8
C 0
D ?

TOUTEFOIS,
D'APRÈS CETTE
FICHE, IL A
ACCOMPLI TOUTES
SES MISSIONS
SANS RECEVOIR
LA MOINDRE
ÉGRATIGNURE.

PASSONS
MAINTENANT
À GAARA DU
DÉSERT.

IL A,
À SON ACTIF,
8 MISSIONS DE
RANG C, ET UNE
MISSION DE RANG B.
C'EST FORT, ÇA !
D'HABITUDE, ON
NE CONFIE PAS
DE MISSION DE
RANG B À DES
ASPIRANTS...

... JE PEUX VOUS GARANTIR QUE TOUS LES APPRENTIS QUI SONT ICI, SONT VRAIMENT REDOUTABLES !!!

JE N'AI QUE TRÈS PEU D'INFORMATIONS SUR LES CANDIDATS VENUS D'OTO NO KUNI CAR CE PAYS EST NÉ IL Y A PEU DE TEMPS, MAIS...

KONOHA, SUNA NO KUNI, AME NO KUNI, KUSA NO KUNI, TAKI NO KUNI, OTO NO KUNI... CETTE ANNÉE ENCORE, LES MEILLEURS ÉLÉMENTS DES VILLAGES CACHÉS DE CHAQUE PAYS, SE SONT RASSEMBLÉS POUR PASSER L'EXAMEN.

C'EST ÇA ! ILS SONT TOUS DU NIVEAU DE LEE ET DE GAARA...

LE TOP DU TOP ! L'ÉLITE DES APPRENTIS DE CHAQUE PAYS !

SI J'AI BIEN COMPRIS... TOUS LES CANDIDATS QUI PARTICIPENT À L'EXAMEN SONT COMME ...

EH BEN... DÉJÀ QUE JE N'AVAIS PAS UNE GRANDE CONFIANCE EN MOI...

LA CONCURRENCE EST RUDE ! L'EXAMEN NE SERA PAS UNE PARTIE DE PLAISIR !

TU TE PRÉCIPITES TROP, KAKASHI.

CET EXAMEN, CE N'EST PAS DE LA RIGOLADE !

TU FERAIS MIEUX DE LES ENTRAÎNER ENCORE UN PEU AVANT DE LES ENVOYER AFFRONTER CETTE ÉPREUVE.

PÉUH...

JE SUIS DE L'AVIS D'IRUKA.

MOI, POUR MON ÉQUIPE, J'AI PRÉFÉRÉ ATTENDRE UN AN, AFIN QUE MES ÉLÈVES ACCROISSENT LEURS CAPACITÉS, AVANT DE PASSER L'EXAMEN.

C'EST FAIT POUR LES NOUVEAUX ! MAINTENANT, PASSONS AUX RECOMMAN- DATIONS CONCERNANT LES AUTRES ASPIRANTS !!!

BIEN ! ÇA SUFFIRA COMME ÇA !

... ÇA N'EMPÊCHE QU'ILS SONT LARGEMENT SUPÉRIEURS À TES PETITS PROTÉGÉS, GAÏ !

C'EST VRAI QU'ILS ONT TENDANCE À COMMETTRE DES ERREURS, MAIS...

TSSS...

ALLONS ! ATTENDS DONC DE VOIR CE QU'ILS VALENT, AVANT DE LES REJETER...

301

C'EST UNE BANDE DE TÊTES BRÛLÉES... MAIS CETTE FOIS, MÊME EUX, SERONT IMPRESSIONNÉS...

J'AI DÛ INSISTER POUR CONVAINCRE TOUT LE MONDE...

POUR UNE FOIS, ON DIRAIT QUE CE GROS FANFARON DE NARUTO EST TROUBLÉ PAR TOUS CES CONCUR-RENTS...

BRRR

BRRR

!

ALLONS, NARUTO... NE SOIS PAS SI DÉSESPÉRÉ...

ÇA ME SURPREND QUAND MÊME QUE NARUTO SE LAISSE ABATTRE COMME ÇA, ÇA NE LUI RESSEMBLE PAS... JE VAIS ESSAYER DE LUI REMONTER UN PEU LE MORAL.

TOUS LES ASPIRANTS QUI SONT LÀ, ONT PLUS D'EXPÉRIENCE QUE NOUS ! NOUS SOMMES LES SEULS BLEUS, DANS LA SALLE.

ÇA N'A RIEN D'ÉTONNANT, APRÈS TOUT...

C'EST PIGE ?!

...

HAAA!!!

J'ME SENS MIEUX, MAINTENANT !!!

BON SANG ! J'AURAIS DÛ M'EN DOUTER : IL EST TROP IDIOT POUR ÊTRE DÉCONTENANCÉ...

DIS ! QU'EST-CE QUI LUI PREND, À CE DÉBILE ?!

TSSS !!!

TIENS... C'EST LE PETIT GRINGALET D'HIER...

HE HE... ALORS COMME ÇA, ILS S'IMAGINENT QUE LES NINJAS DU VILLAGE CACHÉ D'OTO NO KUNI SONT NÉGLIGEABLES ?

C'EST TRÈS VEXANT.

TU AURAIS DÛ LE FRAPPER PLUS FORT, LEE.

IL NE MANQUE PAS DE SOUFFLE, CELUI-LÀ !

ON S'AMUSE UN PEU AVEC EUX ?

CE N'EST PAS TRÈS AGRÉABLE DE SE FAIRE TRAITER COMME DES MOINS QUE RIEN. NOUS ALLONS LUI DONNER DE QUOI REMPLIR SES FICHES...

HE HE... BONNE IDÉE...

IL POURRA Y METTRE QUE LES NINJAS D'OTO NO KUNI SONT PARTICULIÈREMENT CRUELS !

ET VOILÀ ! PAR LA FAUTE DE CET IDIOT, EN UN INSTANT, ON SE RETROUVE AVEC TOUT LE RESTE DE LA SALLE SUR LE DOS !

"JE VAIS TOUS VOUS ÉCRASER"... IL Y VA FORT !

TROP FORT MÊME ! ON EST TOUS GRILLÉS !

ギロ ZOM GNAP

BAH QUOI ?! J'N'AI FAIT QUE DIRE LA VÉRITÉ !!

T'EN LOUPES JAMAIS UNE, HEIN ?! SOMBRE CRÉTIN !!

BLABLABLA

ALLONS-Y...

C'EST QU'IL EST TRÈS BÊTE, VOYEZ-VOUS, ET...

EUH... SURTOUT NE FAITES PAS ATTENTION À CE QU'IL A DIT ! C'ÉTAIT UNE BLAGUE...

AYE

ZAM

BLABLABLABLABLA

ガミガミ

TAP

CE SONT
CEUX D'OTO
NO KUNI...

FWUUUUSH

IL A ESQUIVÉ !!!

SKRIIP

LE COUP N'ÉTAIT PAS SI RAPIDE... IL A EU LE TEMPS DE LE VOIR VENIR...

PLAC

PLAC

LE COUP A DÛ LUI FRÔLER LE BOUT DU NEZ.

TSS ! ÇA LUI APPRENDRA À JOUER LES MALINS !

QU'EST-CE QUE ÇA SIGNIFIE ? IL A ESQUIVÉ LE COUP... COMMENT SE FAIT-IL QUE LES VERRES DE SES LUNETTES SOIENT TOMBÉS EN MIETTES...?

BUUOO

C'EST DONC ÇA, LEURS ATTAQUES...

D'AC-CORD... JE VOIS...

PLAC

KA...
KABUTO !!

AAH !
IL VOMIT !!

BWEEUUUUH

BLOOORRG

!!

PEUH !!!

"MORT"

JE SUIS IBIKI MORINO, ET C'EST MOI QUI SUIS CHARGÉ DES TÂCHES D'EXAMINATEUR POUR LA PREMIÈRE ÉPREUVE DE CET EXAMEN DE SÉLECTION DES NINJAS DE MOYENNE CLASSE.

BONJOUR À TOUS !

PARDON...! C'EST LA PREMIÈRE FOIS QUE NOUS PARTICIPONS À UN EXAMEN, NOUS NOUS SOMMES LAISSÉS EMPORTER PAR L'EXCITATION...

VOUS TENEZ ABSOLUMENT À ÊTRE ÉLIMINÉS AVANT MÊME LE DÉBUT DE L'ÉPREUVE... OU QUOI ?

VOUS ! CEUX D'OTO NO KUNI ! QUE JE NE VOUS REPRENNE PAS À SEMER LA PAGAILLE !

76

ET MÊME AVEC CETTE AUTORISATION, IL EST FORMELLEMENT INTERDIT DE TUER SON ADVERSAIRE.

AUCUN COMBAT, AUCUN AFFRONTEMENT, NE PEUT AVOIR LIEU SANS L'AUTORISATION DE L'EXAMINATEUR.

JE PROFITE DE CETTE OCCASION POUR VOUS AVERTIR.

TSSS...

C'EST COMPRIS ?

CEUX QUI S'AVISERAIENT DE DÉSOBÉIR, JE LES ÉGORGERAIS MOI-MÊME.

HÉ HÉ HÉ

PFF ! IL A L'AIR BIDON, CET EXAM' !

...

EN ÉCHANGE DE VOTRE FORMULAIRE D'INSCRIPTION, QUE VOUS VIENDREZ REMETTRE UN PAR UN...

BIEN ! NOUS ALLONS DONC COMMENCER LA PREMIÈRE ÉPREUVE, SANS PLUS TARDER...

ENSUITE, NOUS DISTRIBUE-RONS LES QUESTION-NAIRES...

... VOUS RECEVREZ UN JETON NUMÉROTÉ. VOUS IREZ VOUS ASSEOIR À LA PLACE QUI CORRESPOND AU NUMÉRO INDIQUÉ !

1

RROO

ZUP

UN... UN TEST ÉCRIIIIINT ?!

?

?

HMM?

C'EST LA CATA...

AH LA LA ! ET EN PLUS, J'AI PAS PU M'ASSEOIR À CÔTÉ DE SAKURA OU DE SASUKE !

CE PAUVRE NARUTO NE S'ATTENDAIT PAS À ÇA... HI HI... IL EST EFFONDRÉ !

NARUTO...

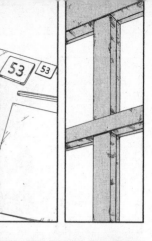

EN ATTENDANT, ÉCOUTEZ-MOI ATTENTIVEMENT.

NE RETOURNEZ VOS QUESTION-NAIRES QUE LORSQUE JE VOUS LE DIRAI.

FAISONS DE NOTRE MIEUX, HEIN...?

AH ! C'EST TOI, HINATA !!!

ELLE EST SI DISCRÈTE... JE NE M'ÉTAIS MÊME PAS APERÇU QU'ELLE ÉTAIT ASSISE À CÔTÉ DE MOI !

IL NE RÉPOND PAS AUX QUESTIONS ? QU'EST-CE QUE C'EST QUE ÇA, ENCORE...?

DES RÈGLES ?

TOC コツ コツ

TOC

JE VAIS LES ÉCRIRE AU TABLEAU, MAIS JE NE RÉPONDRAI À AUCUNE QUESTION ! ALORS... ÉCOUTEZ BIEN, COMPRIS ?

CETTE ÉPREUVE COMPORTE QUELQUES RÈGLES PRÉCISES QUE VOUS DEVEZ CONNAÎTRE.

LE QUESTIONNAIRE QU'ON VOUS A DISTRIBUÉ COMPORTE DIX QUESTIONS, CHACUNE COMPTE DONC POUR UN POINT.

LE CALCUL DES POINTS SE FAIT PAR RETRANCHEMENT.

RÈGLE NUMÉRO 1 ! VOUS PARTEZ TOUS AVEC UN TOTAL DE 10 POINTS !

SI VOUS VOUS TROMPEZ SUR TROIS QUESTIONS PARMI LES DIX...

... 3 POINTS VOUS SERONT RETIRÉS, ET VOUS PASSEREZ À 7.

POINTS DE DÉPART : 10

Ex. 1 : toutes les réponses bonnes ?
→ les 10 points restent intacts.
Ex. 2 : 3 réponses fausses ?
→ 7 points

AUTREMENT DIT, SI VOUS RÉPONDEZ CORRECTEMENT AUX DIX QUESTIONS, VOUS CONSERVEZ VOS DIX POINTS.

LE CALCUL FINAL DES POINTS SERA FAIT EN ADDITIONNANT LES POINTS OBTENUS PAR LES TROIS MEMBRES DE CHAQUE ÉQUIPE.

RÈGLE NUMÉRO 2 ! CET EXAMEN ÉCRIT EST UNE ÉPREUVE D'ÉQUIPE.

HUM... 10 RÉPONSES FAUSSES, ET JE ME RETROUVE AVEC UN ZÉRO...

80

DÉJÀ, CETTE HISTOIRE DE RETRANCHEMENT DES POINTS, JE NE VOIS PAS À QUOI ÇA SERT, MAIS SURTOUT, JE NE COMPRENDS PAS L'INTÉRÊT DE CUMULER LES POINTS PAR ÉQUIPE !!

MAIS MONSIEUR !!

VOUS PARTEZ DONC AVEC UN TOTAL DE 30 POINTS, ET VOUS DEVEZ VOUS EFFORCER D'EN PERDRE LE MOINS POSSIBLE.

J'AIMERAIS BIEN SAVOIR QUELLES SONT CES RAISONS...

SI C'EST COMPRIS, JE PASSE À LA RÈGLE SUIVANTE, LA PLUS IMPORTANTE.

NOUS AVONS NOS RAISONS DE PROCÉDER AINSI ! ASSIEDS-TOI ET ÉCOUTE !

LA FERME ! J'AI DIT QUE JE NE RÉPONDRAI À AUCUNE QUESTION !

LA SANCTION EST SIMPLE : ILS PERDRONT 2 POINTS À CHAQUE FOIS.

TOUS CEUX QUI AURONT UN COMPORTEMENT "SUSPECT", C'EST-À-DIRE TOUS CEUX QUI SE FERONT PRENDRE EN TRAIN DE FRAUDER SERONT PUNIS...

RÈGLE NUMÉRO 3 ! DES PIONS SONT LÀ POUR VOUS SURVEILLER.

ILS ONT IMAGINÉ CE SYSTÈME POUR QUE L'ON PERDE DES POINTS EN PLUS DES RÉPONSES FAUSSES.

JE VOIS...

VOUS VOUS EN DOUTEZ, IL Y EN AURA TRÈS CERTAINEMENT PLUSIEURS PARMI VOUS QUI DEVRONT QUITTER LA SALLE, APRÈS AVOIR ÉPUISÉ TOUT LEUR CRÉDIT DE POINTS.

AH !

GNIP

ET JE PEUX VOUS GARANTIR QU'ON VEILLERA AU GRAIN !

GLOUPS

TANT QU'À TRICHER, ARRANGEZ-VOUS POUR NE PAS VOUS FAIRE GRILLER.

SI VOUS ÊTES MALADROITS, LOIN DE VOUS AIDER, LE FAIT DE FRAUDER S'AVÉRERA FATAL.

TÂCHEZ DE VOUS Y PRENDRE DISCRÈTEMENT, COMME DE VRAIS NINJAS !

SMILE

LES CANDIDATS QUI AURONT PERDU TOUS LEURS POINTS, SOIT À CAUSE DE TRICHERIES RÉPÉTÉES, SOIT À CAUSE DE RÉPONSES FAUSSES...

ET POUR FINIR, LA DERNIÈRE RÈGLE...

RESTE CALME, SAKURA! NARUTO EST DANS LE PÉTRIN... MAIS SASUKE ET MOI, NOUS DEVRIONS NOUS EN TIRER !

... ENTRAÎNERONT LEURS ÉQUIPIERS AVEC EUX : SI L'UN DES TROIS A UN ZÉRO, C'EST L'ÉQUIPE ENTIÈRE QUI EST ÉLIMINÉE !!

MÊME SI NARUTO SE RAMASSE UN ZÉRO, NOUS COMPEN-SERONS AVEC NOS NOTES...

J'AI BIEN ENTENDU ?!

QU... QUOI ?!

!!

BIZARRE... JE RESSENS DEUX ÉNERGIES NÉGATIVES QUI DÉFERLENT SUR MOI...

•••

LES PLANCHES RATÉES QUI TÉMOIGNENT DE L'EXIGENCE DE MASASHI KISHIMOTO - 1

LA PLANCHE CI-DESSUS EST UN ESSAI LOUPÉ. POUR EN ARRIVER LÀ, IL A D'ABORD FALLU RÉALISER UNE PREMIÈRE ESQUISSE, PUIS LA METTRE AU PROPRE, ET ENSUITE TRACER LES LIGNES AU CRAYON. MAIS FINALEMENT, LA MISE EN SCÈNE N'ÉTAIT PAS TERRIBLE... ET ALORS QU'IL S'AGISSAIT D'UNE SCÈNE D'ACTION IMPORTANTE, LE DÉCOUPAGE DES CASES ÉTAIT TROP SERRÉ. LORSQU'ON DOIT SOUTENIR UN RYTHME DE PARUTION HEBDOMADAIRE, ON MANQUE SOUVENT DE TEMPS, ET IL EST DONC ASSEZ RARE DE METTRE AU REBUT UNE PLANCHE SUR LAQUELLE ON A DÉJÀ TANT TRAVAILLÉ. MAIS MOI, QUAND JE CORRIGE, JE CORRIGE ! IL ARRIVE QU'UNE MISE EN PAGE, QUI SEMBLAIT SATISFAISANTE SUR UNE ESQUISSE, S'AVÈRE DÉCEVANTE LORSQU'ELLE EST PROCHE DE LA FINALISATION. DANS CES CAS-LÀ, IL N'Y A QU'UNE SOLUTION : LA REFAIRE... HMM... C'EST PEUT-ÊTRE BIEN POUR ÇA QUE JE METS TANT DE TEMPS À DESSINER NARUTO !! JE NE M'ÉTAIS JAMAIS FAIT LA RÉFLEXION...

RÈGLES DE LA PREMIÈRE ÉPREUVE DE
L'EXAMEN DE SÉLECTION DES NINJAS
DE CLASSE MOYENNE

1 - CHAQUE CANDIDAT DÉMARRE AVEC UN TOTAL
DE 10 POINTS. L'ÉPREUVE COMPREND 10 QUESTIONS,
QUI COMPTENT CHACUNE POUR 1 POINT. POUR
CHAQUE RÉPONSE FAUSSE, 1 POINT SERA
SOUSTRAIT DU TOTAL.

2 - L'EXAMEN FONCTIONNE PAR ÉQUIPE.
LES POINTS DES TROIS MEMBRES DE CHAQUE
ÉQUIPE SERONT ADDITIONNÉS (TOTAL SUR 30).

3 - TOUT INDIVIDU PRIS EN TRAIN DE TRICHER SE
VERRA RETIRER, À CHAQUE REMARQUE, 2 POINTS
SUR SON TOTAL.

4 - TOUT INDIVIDU AYANT PERDU TOUS SES POINTS,
SOIT À CAUSE DE TRICHERIES RÉPÉTÉES, SOIT À
CAUSE DE RÉPONSES FAUSSES, SERA ÉLIMINÉ. IL
ENTRAÎNERA AVEC LUI LES DEUX AUTRES MEMBRES
DE SON ÉQUIPE.

41e ÉPISODE : LA TENTATION DU DÉMON...!!

GLOUPS

ATTENTION...

LA DURÉE DE L'EXAMEN EST D'UNE HEURE.

VOUS POUVEZ COMMENCER !!!

PITIÉ! DÉBROUILLE-TOI POUR AVOIR AU MOINS UN POINT !

NARUTO...

J'AI UN TRÈS MAUVAIS PRESSENTIMENT... JE CRAINS LE PIRE...

Gratt

Gratt

86

HI HI HI

J'EN AI VU D'AUTRES, APRÈS TOUT ! C'EST PAS LE PREMIER EXAM' QUE JE PASSE SANS RIEN SAVOIR !

C'EST PAS POUR RIEN QU'ON ME SURNOMME "L'ÉTERNEL DERNIER" !

HÉ HÉ HÉ... PAS LA PEINE DE PANIQUER !

PFFFF...

BRRR BRRR

JE DOIS LIRE ATTENTIVEMENT CHAQUE QUESTION, ET ME CONCENTRER SUR CELLES AUXQUELLES JE PENSE POUVOIR RÉPONDRE ! C'EST PARTI !

DANS CE TYPE DE SITUATION, IL FAUT AVANT TOUT GARDER SON CALME...

FWYUU FUFUU FUUU

EXAMEN DE SÉLECTIO
1e ÉPREUVE

FACILE !

QUOI ? UN DÉCHIFFRAGE DE CODE, DÈS LA PREMIÈRE QUESTION !?

1- DÉCHIFFREZ LE TEXTE CODÉ C...
DESSOUS ET FAITES-EN UN RÉSUMÉ

↳ TEXTE CODÉ

POURVU QUE NARUTO NE FASSE PAS N'IMPORTE QUOI...

TSS... C'EST CHAUD...

J'ESPÈRE QUE NARUTO S'EN TIRE...

QUES-TION SUIVAN-TE !

"DONNEZ UNE ESTIMATION DES POSSIBILITÉS DU NINJA ENNEMI QUI SE TROUVE DANS L'ELLIPSE DÉCRITE PAR LE SHURIKEN, AINSI QUE DE LA PORTÉE DE VISÉE MAXIMUM, EN COMBAT, SUR UNE SURFACE PLANE. JUSTIFIEZ VOTRE RAISONNEMENT."

VOYONS... QUESTION 2... "SUR LE SCHÉMA CI-DESSOUS, LA LIGNE DE PROJECTION B REPRÉSENTE LA TRAJECTOIRE MAXIMALE DU SHURIKEN DU NINJA A, QUI SE TROUVE EN HAUT DE L'ARBRE."

JE DOIS ME CONCEN-TRER SUR MA COPIE, MOI AUSSI...

IL FAUT QUE JE GAGNE LE MAXIMUM DE POINTS

!!!

C'EST MÊME SÛREMENT TROP DUR POUR LA GRANDE MAJORITÉ DES CANDIDATS...!

C'EST CLAIREMENT AU-DESSUS DU NIVEAU DE NARUTO !!

SAUF POUR MOI, BIEN SÛR.

W... WOW... UN PROBLÈME QUI COMBINE UNE QUESTION D'ANALYSE DE L'ÉNERGIE DYNAMIQUE ET UN CALCUL DE PROBABILITÉ ALÉATOIRE...!

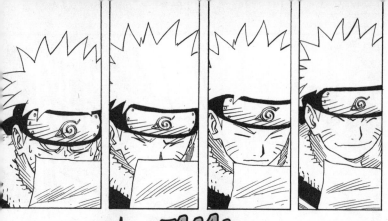

ET BEN...

ZAAAA

PELIH !

LA DIXIÈME QUESTION VOUS SERA TRANSMISE 45 MINUTES APRÈS LE DÉBUT DE L'EXAMEN. N'Y RÉPONDEZ QU'APRÈS AVOIR ÉCOUTÉ ATTENTIVEMENT L'EXAMINATEUR.

EN PLUS, ON NE SAIT MÊME PAS CE QUE NOUS RÉSERVE LA DERNIÈRE...!

... SONT BIEN TROP DIFFICILES POUR MOI...

CES QUES- TIONS...

PFF ...

FOUTU !
...QUE FAIRE ?!

FOUTU !! JE
SUIS FOUTU !!
COMPLÈTEMENT
FOUTU !!

PAS DE
PANIQUE...
RESTER
CALME...

PFFF...

HAA....

ILS NOUS
SCRUTENT
ATTENTI-
VEMENT,
PRÊTS À
ATTRAPER
LE PREMIER
QUI SE MET
À FRAUDER...
SALES
TYPES...

LES
PIONS
NE PLAI-
SANTENT
PAS...

SI LES TOTAUX SONT COMPTABILISÉS PAR ÉQUIPE, ÇA VEUT BIEN DIRE QUE CE SONT LES ÉQUIPES AVEC LES MEILLEURS RÉSULTATS QUI SERONT RETENUES POUR L'ÉPREUVE SUIVANTE...

MAIS IL NE NOUS A PAS PRÉCISÉ COMBIEN D'ÉQUIPES SERAIENT PRISES EN TOUT...

RÈGLE N° 2...

...

STAC

! !

PARDON, MONSIEUR. IL Y A QUAND MÊME UNE QUESTION QUE JE VOUDRAIS POSER...

...N'EMPÊCHE QUE ÇA ME TRACASSE...

ÇA NE M'AVANCERAIT PAS À GRAND-CHOSE DE LE SAVOIR, MAIS...

! !

HÉ HÉ HÉ...

...

COMBIEN D'ÉQUIPES VONT-ELLES ÊTRE SÉLECTIONNÉES, POUR PARTICIPER À LA SECONDE ÉPREUVE ?

RASSIEDS-TOI TOUT DE SUITE... SI TU NE VEUX PAS ÊTRE ÉLIMINÉ SUR-LE-CHAMP!

À QUOI EST-CE QUE ÇA VOUS AVANCERAIT DE LE SAVOIR ?

IL Y A INTÉRÊT À ASSURER LE MAXIMUM DE POINTS, SI ON VEUT AVOIR UNE CHANCE DE PASSER !

IL Y A 51 ÉQUIPES... SUPPOSONS QUE SEULES LES 10 MEILLEURES SOIENT ADMISES POUR LA SECONDE PARTIE...

J'ÉTAIS SÛRE QU'IL NE RÉPONDRAIT PAS...

Ê... EXCUSEZ-MOI...

FWUP

AYONS CONFIANCE... NARUTO N'EST PAS IDIOT À CE POINT...

J'EN SUIS CERTAINE.

RÉFLÉCHIR CALMEMENT.... GARDER SON SANG-FROID...

NE PAS PANI-QUER...

C'EST ÉTRANGE ... CET EXAMEN EST UNE VRAIE INCITATION À TRICHER...

J'ESPÈRE QUE SASUKE ET NARUTO NE CÉDERONT PAS BÊTEMENT À LA PANIQUE...

94

"SI VOUS ÊTES MALADROITS, LOIN DE VOUS AIDER, LE FAIT DE FRAUDER S'AVÉRERA FATAL !"

QUELQU'UN S'EST FAIT GRILLER...

Gratt

Gratt

HÉ ! MAIS C'EST BIEN SÛR !!

"TÂCHEZ DE VOUS Y PRENDRE DISCRÈTEMENT, COMME DE VRAIS NINJAS !"

...

SINON, C'EST CUIT POUR NOUS !

LE VÉRITABLE OBJECTIF DE CET EXAMEN EST...

IL FAUT QUE NARUTO S'EN APERÇOIVE RAPIDEMENT !

ÇA CHANGE TOUT... IL NE S'AGIT PAS D'UN BANAL EXAMEN ÉCRIT POUR TESTER LES CONNAISSANCES INTELLECTUELLES !!!

GLOUUUPS

...

ÇA Y EST... J'AI ENFIN COMPRIS...

C'EST NOTRE CAPACITÉ À RÉCOLTER DES INFORMATIONS, QUI EST MISE À L'ÉPREUVE...

... DE TESTER NOS TECHNIQUES DE CAMOUFLAGE ET DE DISSIMULATION !!!

MAIS PAS N'IMPORTE COMMENT ! NOUS DEVONS EMPLOYER DES MÉTHODES FURTIVES POUR NE PAS ÊTRE REPÉRÉS !

AUTREMENT DIT, L'EXAMINATEUR SOUHAITE QUE NOUS COPIIONS LES UNS SUR LES AUTRES

"UN NINJA DOIT SAVOIR LIRE ENTRE LES LIGNES..."

... DE RASSEMBLER LES BONNES RÉPONSES EN LES COPIANT DISCRÈTEMENT, À L'INSU DES PIONS...

LE BUT DE L'ÉPREUVE EST DONC...

... ET AUSSI POURQUOI 2 POINTS SEULEMENT, SONT RETIRÉS À CEUX QUI SE FONT PRENDRE... AU LIEU D'UNE ÉLIMINATION DIRECTE...

EN FAIT, ON A LE DROIT À 4 ERREURS.

ÇA EXPLIQUE POURQUOI LE DÉCOMPTE DES POINTS EST DÉGRESSIF...

LES AUTRES AUSSI, ONT DÛ COMMENCER À COMPRENDRE ET LES PLUS PERSPICACES VONT PASSER À L'ACTION !!!

IL FAUT QUE NARUTO S'EN APERÇOIVE VITE !

FWUP

PAS LA PEINE DE ME DÉVISA-GER COMME ÇA...

J'AI COMPRIS...

SCRUTT

KZIIM

HUM... JE COMPTE SUR TOI, KARASU...

GAARA S'Y MET...

SAAAAP

OUAF !
OUAF !
OUAF !

SCRUTT   SCRUTT

キョロ   キョロ

OK !
BON CHIEN,
AKAMARU !
ON PASSE À LA
QUESTION 4,
MAINTENANT !

VAS-Y !
JE
T'ÉCOUTE
!!!

NNNNNN

カリカリ

ワイ

COVIC

COVIC
プ"!?

BIIIIIIIMMM

"8" ?
OK !

98

GNUP!!

LEE... SI TU VOIS BIEN, RESSERRE TON BANDEAU...

COUIC COUIC

D'APRÈS LE RYTHME DE L'ÉCRITURE, LES GESTES DE LA MAIN, LE NOMBRE DE TRAITS...

Gratt

Gratt Gratt

Gratt Gratt

OK... J'AI COMPRIS...

BYAKUGAN!!!

カ

KZAM

SWUUU

ス

スウ

SWUUUSH

JE VAIS COPIER TOUS SES MOUVEMENTS !

OK ! LUI, IL SERA PARFAIT !

勉 *

"LE CARACTÈRE INSCRIT DANS LE DOS DE CE PERSONNAGE SE LIT "BEN" ET ÉVOQUE IMMÉDIATEMENT LE MOT "BENKYÔ", "LES ÉTUDES". CE PERSONNAGE SEMBLE DONC PARTICULIÈREMENT STUDIEUX...

100

SHARINGAN!!!

TANT PIS! JE DOIS TRICHER!! JE N'AI PLUS LE CHOIX...!

RAÂÂH!!!

TAC TIC

LE TEMPS PASSE ET JE N'AI TOUJOURS RÉPONDU À AUCUNE QUESTION...!

HAAAAA!!!

WHAAA!!!

STAACK

!!

FWYUUSH!

QUE... QUE S'EST-IL PASSÉ...?

J'ÉTAIS SUR LE POINT DE ME RETOUR-NER...

TU AS COMMIS CINQ ERREURS.

TU ES ÉLIMINÉ.

HÉ ! QU'EST-CE QUE ÇA VEUT DIRE ?!

QUE LES DEUX AUTRES MEMBRES DE SON ÉQUIPE QUITTENT LA SALLE AVEC LUI.

TOUT DE SUITE !

MM... MAIS JE...

QU... QUOI ?

NARUTO...

WOW... J'AI EU CHAUD... BON ! C'EST DÉCIDÉ ! PAS QUESTION DE TRICHER !!!

PAS DE DISCUS-SION ! DÉPÊCHEZ-VOUS DE SORTIR !!!

PFFF... ILS ABUSENT...

STAP STAP

テクテク

!

TIENS... JE TE LAISSE REGARDER MA COPIE.

HEIN ?

103

42e ÉPISODE. CHACUN SON COMBAT... !!

POURQUOI ME MONTRE-T-ELLE SA FEUILLE...?

HINATA... QU'EST-CE QUI LUI PREND...? ELLE EST DEVENUE FOLLE...?

VAS-Y, NARUTO...

COPIE LES RÉPONSES SUR MA FEUILLE...

...

ELLE A SANS DOUTE UNE IDÉE DERRIÈRE LA TÊTE...

SCRUTT

!

OH ! JE VOIS...!

!!

PEUT-ÊTRE BIEN QU'ELLE S'EST FAIT EMBOBINER PAR KIBA ET SHINO... ILS ONT DÛ LUI DEMANDER DE ME PIÉGER...

POURTANT, HABITUEL-LEMENT, HINATA N'EST PAS DU GENRE À FAIRE DES EMBROUILLES...

AHEM...

...

J... JE... ENFIN...

POURQUOI ME MONTRES-TU TA COPIE ?

HINATA !!!

BOM BOM

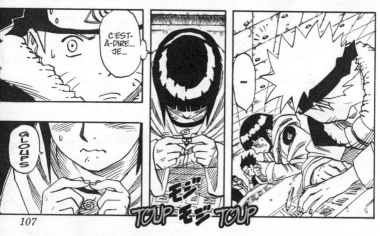

C'EST-À-DIRE... JE...

...

GLOUPS

JE...
JE TIENS
BEAUCOUP
À CE QUE TU
RÉUSSISSES
CETTE
ÉPREUVE...

HÉ HÉ...
C'ÉTAIT
DONC ÇA !

?

...

DÉSOLÉ
D'AVOIR
EU DES
SOUPÇONS !

IL FAUT
SE
SERRER
LES
COUDES...

あたふた HOU LA LA

ENFIN...
ON... ON
EST LES
SEULS BLEUS
À PASSER
L'EXAMEN,
PAS VRAI ?

AH
AH
!!!

C'EST UNE CHANCE DE M'ÊTRE TROUVÉ JUSTE À CÔTÉ DE HINATA !

ON PEUT DIRE QUE J'AI DU BOL !

EN TOUT CAS...

ズッ
FWUP

FWUU
FWUU
FWUU

Gratt

...

カリ
Gratt
カリ

Gratt
カリ
!!
カリ
SHHH
Gratt
Gratt

QUOI ?

RETIRE TA FEUILLE...

HINATA...

WHAM

UN AUSSI GRAND NINJA QUE MOI NE PEUT PAS TRICHER !

... TU RISQUES D'ÊTRE SANCTIONNÉE POUR M'AVOIR AIDÉ !

ET PUIS, SI JAMAIS LES PIONS NOUS REPÈRENT...

MAIS, TU...

NA... NARU- TO...

...

JE N'AI PAS LE DROIT À L'ERREUR !!!

EN PLUS, SI JE ME FAIS GRILLER, J'ENTRAÎNE- RAI AUSSI SAKURA ET SASUKE AVEC MOI...

NARUTO...

HEIN ?

DZOUM キュッ

QUEL CRÉTIN JE FAIS !!

BON... JE SUIS TOUJOURS DANS LE PÉTRIN...

J'AURAIS MIEUX FAIT DE RECOPIER SES RÉPONSES SANS RIEN DIRE...

PAS LA PEINE DE T'EXCUSER !

EXCUSE-MOI, NARUTO... JE PENSAIS BIEN FAIRE...

Gratt

Gratt

Gratt

Gratt

Gratt

DÉJÀ 30 MINUTES D'ÉCOULÉES... IL NE RESTE QU'UNE DEMI-HEURE.

TIC TAC

カチ カチ

IL NE ME RESTE PLUS QU'UNE SOLUTION...

LE TOUT POUR LE TOUT !

LA DIXIÈME QUESTION VOUS SERA TRANSMISE 45 MINUTES APRÈS LE DÉBUT DE L'EXAMEN. N'Y RÉPONDEZ QU'APRÈS AVOIR ÉCOUTÉ ATTENTIVEMENT L'EXAMINATEUR.

MA MAIN NE S'ARRÊTE PAS D'ÉCRIRE...

JE PENSAIS DEVOIR UTILISER MON SHARINGAN SUR 2 OU 3 TYPES DIFFÉRENTS, MAIS ÇA NE SERA PAS LA PEINE...

Gratt

Gratt

IL NE ME RESTE PLUS QU'À ATTENDRE LA 10e QUESTION.

VOILÀ ! J'AI FINI !

ELLE A SANS DOUTE FINI... JE VAIS POUVOIR Y ALLER ! ♡

JE CROIS BIEN QUE SAKURA A ARRÊTÉ D'ÉCRIRE ! ♡

JE SUIS TOMBÉ SUR LE GROS LOT DU PREMIER COUP !

Gratt

Gratt

LA SUPERFICIE DE TON FRONT, ET TON INTELLIGENCE ! ♡ CE SONT LÀ DEUX QUALITÉS QUE JE TE RECONNAIS VOLONTIERS... TU PEUX ÊTRE FLATTÉE...

FÉLICITATIONS, SAKURA... IL Y A DEUX CHOSES QUI SONT VRAIMENT HORS DU COMMUN CHEZ TOI :

ALLEZ ! C'EST PARTI !

EN TÉMOIGNAGE DE MON ESTIME, C'EST TOI QUE JE VAIS PRENDRE POUR CIBLE !

ELLE EST TERRIBLE, CETTE TECHNIQUE ! IMPOSSIBLE D'Y RÉSISTER !

C'EST LE SIGNE QU'ELLE UTILISE SA FAMEUSE TECHNIQUE DE POSSESSION ...

INO S'EST ENDORMIE !

NE T'AFFOLE PAS, SAKURA...

JE NE FAIS QUE M'APPROPRIER TON CORPS POUR QUELQUES INSTANTS ! ♡

HE HE HE...

DÉSOLÉE, MA VIEILLE...

HMM

HMM

ET PUIS... IL FAUT ENCORE QUE JE PRENNE POSSESSION DES CORPS DE SHIKAMARU ET DE CHÔJI, POUR ÉCRIRE CES RÉPONSES SUR LEURS COPIES ! ♡

JE DOIS ME DÉPÊCHER DE LIRE SES RÉPONSES, L'EFFET DE MA TECHNIQUE S'ESTOMPE AU BOUT DE 2 OU 3 MINUTES MAXIMUM ! ♡

NUMÉRO 102 ! ÉLIMINÉ !

DEHORS !!!

CE GOSSE A L'AIR TRÈS CONCENTRÉ...

HM M...

#ラ— SLAAAP

PAS MAL POUR UN ASPIRANT...

IL N'A PAS FRONCÉ UN SOURCIL, MALGRÉ TOUT CE REMUE-MÉNAGE...

スッ

ドオドン

DOOOM

SLAAAA #ララ·

PSHHAAA

SPRATCH

FWAAAA

C'EST PAS LE MO- MENT...

UNE POUS- SIÈRE M'EST ENTRÉE DANS L'ŒIL...

HUNGH...

FWAA

...

FUUUUSH

AÏE...
ÇA PIQUE !

QU'Y A-T-IL ?

EXCUSEZ-MOI !

J'AI ENVIE D'ALLER AUX TOILETTES...

COMME VOUS VOULEZ...

TU NE PEUX PAS Y ALLER SEUL, L'UN DE NOUS DOIT T'ACCOMPAGNER.

ILS NE SONT QUAND MÊME PAS TRÈS FUTÉS, CES PIONS...

WC

122

ATTENTION!!!

NOUS ALLONS PASSER À LA DIXIÈME ET DERNIÈRE QUESTION...

48e ÉPISODE : LA DIXIÈME QUESTION...!!

VOICI ENFIN LA DERNIÈRE CÔTE À GRAVIR.

TSS... LE VOILÀ QUI RECOMMENCE AVEC SES GRANDS AIRS...

GLURPS

....!!

TOUT SE JOUE LÀ-DESSUS !!!

... JE DOIS VOUS AVERTIR D'UNE RÈGLE SUPPLÉMENTAIRE.

AVANT DE VOUS DIRE DE QUOI IL S'AGIT...

ON AVAIT POURTANT CONVENU QU'IL DEVAIT REVENIR AVEC SON ANTI-SÈCHE, AVANT LA DIXIÈME QUESTION !!

KANKURÔ... QU'EST-CE QU'IL FABRIQUE ?

?!

?!

TU AS DE LA CHANCE, TU ES REVENU JUSTE À TEMPS.

HMM...

GNIIC

ENFIN BREF, REGAGNE TA PLACE.

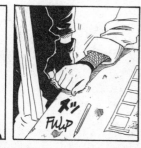

FWAP

TA PETITE EXCURSION AUX TOILETTES T'A-T-ELLE PERMIS DE DISCUTER AVEC TON AMI LE PANTIN ?

BON SANG... IL SAVAIT POUR KARASU...

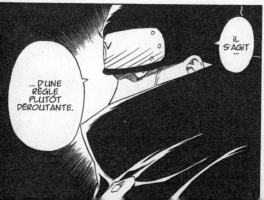

... D'UNE RÈGLE PLUTÔT DÉROUTANTE.

IL S'AGIT...

BIEN ! PASSONS AUX EXPLICATIONS !

FRRLL

EH BEN...

LES VICISSITUDES DE LA VIE

POUR-QUOI DIS-TU ÇA ?

PROFITES-EN... TU NE VAS PAS TARDER À LES REVOIR.

PFFFF

QU'EST-CE QU'ON S'ENNUIE, QUAND LES ÉLÈVES NE SONT PAS LÀ...

MÊME PAS UNE PETITE MISSION À ACCOMPLIR !

PARCE QUE C'EST IBIKI MORINO QUI EST L'EXAMINATEUR DE LA PREMIÈRE ÉPREUVE, CETTE ANNÉE.

"SADIQUE" ?

!

C'EST CE SADIQUE QUI S'OCCUPE DE L'EXAMEN...?

•••

C'EST VRAI QUE TU VIENS JUSTE D'ÊTRE PROMUE AU NIVEAU SUPÉRIEUR, KURENAI... C'EST NORMAL QUE TU NE CONNAISSES PAS ENCORE MORINO...

AÏE... ÇA S'ANNONCE DIFFICILE DÈS LE DÉPART... ZUT !

... NOUS POUVONS ÊTRE CERTAINS QU'IL VA SOUMETTRE LES CANDIDATS À UNE TRÈS FORTE PRESSION PSYCHOLOGIQUE, COMME IL SAIT SI BIEN LE FAIRE DURANT LES INTERROGATOIRES...

BIEN SÛR, IL N'AURA PAS RECOURS À LA TORTURE PHYSIQUE DURANT L'EXAMEN, MAIS...

TOUT D'ABORD... JE DOIS VOUS DEMANDER DE VOUS DÉCIDER...

QUELS SONT CEUX QUI VEULENT CONTINUER ET TENTER DE RÉPONDRE À CETTE DIXIÈME QUESTION, ET QUELS SONT CEUX QUI PRÉFÈRENT S'ABSTENIR ?

"UNE RÈGLE DÉROU-TANTE"...? QU'EST-CE QUE ÇA PEUT BIEN ÊTRE ?!

GLOUPS

... IL FAUDRAIT QUE VOUS NOUS EXPLIQUIEZ CE QUI SE PASSE SI ON DÉCIDE DE S'ABSTENIR ?!

AVANT DE CHOISIR...

CONTINUER OU S'ARRÊTER ? QU'EST-CE QUE ÇA SIGNIFIE...?

AUTREMENT DIT, VOUS ÊTES ÉLIMINÉS !

ET LES DEUX AUTRES MEMBRES DE VOTRE ÉQUIPE AUSSI, CELA VA DE SOI !

C'EST TRÈS SIMPLE... VOTRE TOTAL DE POINTS PASSE DIRECTEMENT À ZÉRO.

ENCORE ?! ÇA NE FINIRA DONC JAMAIS !?

...IL RESTE ENCORE UNE RÈGLE.

MAIS...

À CE COMPTE-LÀ, C'EST CLAIR QUE TOUT LE MONDE PRÉFÈRE CONTINUER !!!

SUPER, L'ALTERNA-TIVE !!

...SERONT ÉLIMINÉS À TOUT JAMAIS : ILS NE POURRONT PLUS JAMAIS SE PRÉSENTER À L'EXAMEN DE SÉLECTION DES NINJAS DE CLASSE MOYENNE !!

CEUX QUI CHOISIRONT DE CONTINUER...

...MAIS QUI NE RÉPONDRONT PAS CORRECTE-MENT À LA QUESTION...

Z-OOOM

HE HE HE HE HE...

HE HE...

Y A PLEIN DE TYPES, ICI, QUI ONT DÉJÀ PASSÉ LES ÉPREUVES PLUSIEURS FOIS !!

D'OÙ ELLE SORT, CETTE RÈGLE ?! C'EST N'IMPORTE QUOI !!

OUAF !

OUAF !

...

!!

... CETTE ANNÉE, C'EST MOI QUI FAIS LES RÈGLES.

MALHEU-REUSEMENT POUR VOUS...

... ILS POURRONT REPASSER L'EXAMEN L'ANNÉE PROCHAINE OU DANS DEUX ANS.

CEUX QUI NE SE SENTENT PAS CAPABLES DE CONTINUER, PEUVENT DÉCIDER D'ARRÊTER, ET COMME ÇA...

COM-MENT ÇA ?

MAIS NE VOUS PLAIGNEZ PAS : JE VOUS DONNE LA POSSIBILITÉ DE SAUVER LA MISE...

AH LA LA !
ÇA SE
COMPLIQUE
ENCORE !

ET QUANT À CELUI QUI DÉCIDE DE POURSUIVRE, MAIS QUI NE RÉPOND PAS CORRECTEMENT À LA QUESTION...

... IL SERA CONDAMNÉ À ÊTRE UN NINJA ASPIRANT POUR TOUT LE RESTE DE SA VIE... !

CELUI QUI DÉCIDE D'ABANDONNER MAINTENANT, ENTRAÎNE LA DISQUALIFICATION DE SON ÉQUIPE TOUT ENTIÈRE...

GNN

7"7"

IL FAUT AVOIR DES NERFS SOLIDES POUR PRENDRE UNE TELLE DÉCISION !!

QUEL HORRIBLE DILEMME !!!

ALLONS-Y !

SI TOUT LE MONDE A COMPRIS...

DONNEZ LE NUMÉRO DE VOTRE PLACE AVANT DE QUITTER LA SALLE !

QUE CEUX QUI VEULENT ABANDONNER, LÈVENT LA MAIN !

QU'EST-CE QUE ÇA PEUT BIEN ÊTRE, CETTE SATANÉE QUESTION ?!

FWSSSHHHH

ET POURTANT, JE NE PEUX PAS OPTER POUR L'ABANDON...

SI JE ME PLANTE, JE DEVRAI FINIR MES JOURS EN TANT QU'ASPIRANT... ÇA, C'EST HORS DE QUESTION !!!

ÇA VOUDRAIT DIRE QUE SASUKE ET SAKURA SERAIENT TOUS LES DEUX ÉLIMINÉS PAR MA FAUTE !

... COMME J'AURAI DONNÉ LA BONNE RÉPONSE, J'AURAI LE DROIT DE REPASSER L'EXAMEN LA PROCHAINE FOIS...

MÊME SI NARUTO SE RAMASSE UN ZÉRO ET QUE NOUS SOMMES ÉLIMINÉS À CAUSE DE ÇA...

JE NE LÈVERAI PAS LA MAIN !

JE SUIS CONFIANTE : JE RÉPONDRAI CORRECTEMENT À CETTE QUESTION !

LE MIEUX, POUR LUI, SERAIT DE PENSER À LA PROCHAINE SESSION ET D'ABANDONNER SANS SE SOUCIER DE NOUS...

POUR NARUTO, LE PROBLÈME EST DIFFÉRENT...

MAIS...

JE DÉCLARE FORFAIT !!!

... JE... JE...

卫卫 TAC

ス... FWIP

LES NUMÉROS 130 ET 111 PARTENT AVEC LUI !

NUMÉRO 50 ! ÉLIMINÉ !

GENNAI ! INAHO ! PARDONNEZ-MOI...!

!

...

SALETÉ DE RÈGLES...

MOI AUSSI ! JE ME RETIRE !

M... MOI AUSSI !

MOI AUSSI !

STAP

DÉSOLÉ, LES AMIS !!!

MOI AUSSI, J'ABAN-DONNE !!

QU'EST-CE QUE TU ATTENDS POUR LEVER LA MAIN...

NARUTO ...

NARUTO UZUMAKI ! SOUVENEZ-VOUS DE CE NOM !!!

UN JOUR VIENDRA OÙ ON EN PARLERA COMME CELUI DU HOKAGE LE PLUS FORT DE TOUS LES TEMPS !!

JE SUIS UN NINJA ! UN VRAI NINJA !!!

YOUPIE !!! J'AI RÉUSSI !!!

...

...

JE SURPAS-SERAI TOUS LES HOKAGES !!!

COMME ÇA, TOUT LE MONDE, AU VILLAGE, SERA BIEN FORCÉ DE RECONNAÎTRE MA VALEUR !

JE SUIS DÉTERMINÉ À TOUT POUR DEVENIR HOKAGE !!

J'M'EN FICHE !!!

PARDONNE-MOI, NARUTO... JE...

TON RÊVE ME SEMBLE COMPLÈTEMENT IRRÉALISABLE...

C'EST À CROIRE QU'IL N'Y A QUE CE MOT DANS SON CRÂNE DE PIAF...

"HOKAGE!" "HOKAGE!"

...

... MAIS JE NE VEUX PAS QU'IL SOIT BRISÉ !!!

FWUP

IBIKI CONNAÎT LA PSYCHOLOGIE SUR LE BOUT DES DOIGTS... LE PLUS IMPRESSIONNANT CHEZ LUI...

IBIKI...

AH ! STOP

!

IL PARVIENT TOUJOURS À SAISIR LE POINT FAIBLE QUE CHACUN POSSÈDE.

... C'EST CETTE CAPACITÉ QU'IL A, DE PLONGER SES PROIES DANS LE PLUS GRAND DÉSARROI ET DE LES Y FAIRE MARINER...

BRRR BRRR

PERSONNE NE PEUT RÉSISTER À SES INTERROGATOIRES.

BRRR BRRR

!!

NARUTO...!!

NA...

ET TANT PIS SI JE SUIS CONDAMNÉ À ÊTRE ASPIRANT TOUTE MA VIE !!

QU'ELLE VIENNE DONC, CETTE FAMEUSE QUESTION !!!

JE DEVIENDRAI HOKAGE QUAND MÊME, PAR LA FORCE DE MA VOLONTÉ !!

ÇA NE ME FAIT PAS PEUR !!

J'AURAIS DÛ M'EN DOUTER...

C'EST BIEN LUI, ÇA...

JE VOIS... IL NE SE SOUCIAIT PAS DU TOUT DE NOUS.

IL A DU CRAN, LE NULLARD !!!

...

PFFU

C'EST COMME ÇA QUE JE CONÇOIS "MON" NINDÔ !!

JE NE REVIENS JAMAIS SUR MA PAROLE !

RÉFLÉCHIS BIEN... UNE DERNIÈRE FOIS !

C'EST TA VIE QUE TU ES EN TRAIN DE JOUER.

APRÈS, IL NE SERA PLUS POSSIBLE D'ABANDONNER. C'EST MAINTENANT... OU JAMAIS !

"SA DÉCLARATION A RÉUSSI À DISSIPER, EN UN INSTANT, TOUTES LES CRAINTES DE CEUX QUI SONT ENCORE PRÉSENTS DANS LA SALLE..."

HUM!... AMUSANT, CE GAMIN...

C'EST PLUS QUE JE NE L'AURAIS CRU.

78 CANDIDATS...

FWOP
コツ

FWOP
コツ

INUTILE
D'INSISTER
DAVANTAGE...

CA NE
BOUGERA
PLUS
MAINTE-
NANT...

コ''ツ GLOUPS...
コツ...

BIEN...
J'ANNONCE
DONC À CEUX
QUI SONT
PRÉSENTS
ICI...

VOUS ÊTES
COURAGEUX
...

!!

QUOI?!

... QU'ILS
VIENNENT
TOUS D'ÊTRE
REÇUS À LA
PREMIÈRE
ÉPREUVE DE
L'EXAMEN !!

VOICI UN DESSIN DE NARUTO RÉALISÉ PAR UN AMI.

44e ÉPISODE :
MISE À L'ÉPREUVE...!!

143

144

OU DISONS PLUTÔT QUE C'EST L'ALTERNATIVE QUE JE VOUS AI PROPOSÉE, QUI FAISAIT OFFICE DE QUESTION.

IL N'Y A JAMAIS EU DE DIXIÈME QUESTION !

SMILE

ELLES AVAIENT UN OBJECTIF PRÉCIS, DONT NOUS AVONS DÉJÀ PU JUGER...

PAS DU TOUT...

ELLES NE SERVAIENT À RIEN ?!

ET LES NEUF QUESTIONS PRÉCÉDENTES, ALORS ?!

COMMENT ?!

!

C'EST BIZARRE... IL S'EXPRIME COMPLÈTEMENT DIFFÉREMMENT DE TOUT À L'HEURE...

?

NOS CAPACITÉS À COLLECTER DES INFORMATIONS... !?

VOILÀ QUEL ÉTAIT LE BUT DE CES QUESTIONS !

ELLES NOUS ONT PERMIS DE TESTER VOS CAPACITÉS INDIVIDUELLES À COLLECTER DES INFORMATIONS.

!

COMMENT ÇA ...?

... UNE ÉNORME PRESSION À SUPPORTER...

HUM... C'ÉTAIT DONC ÇA...

AINSI, VOUS VOUS RETROUVEZ AVEC LE DESTIN DE VOS CAMARADES ENTRE VOS MAINS, ET...

LE SYSTÈME DE DÉCOMPTE DES POINTS SE FAIT PAR ÉQUIPE,

COMME JE VOUS L'AI EXPLIQUÉ AU DÉPART...

Hi Hi Hi...

HUM !

LE GROS MENTEUR !!!

JE ME DOUTAIS BIEN QUE ÇA CACHAIT QUELQUE CHOSE !

... POUR NE PAS PERDRE DE POINTS, LA SEULE SOLUTION ÉTAIT DE TRICHER...

JE PENSE QUE, POUR LA PLUPART, VOUS AVEZ VITE COMPRIS QUE...

BIEN ÉVIDEMMENT, C'ÉTAIT PARFAITEMENT VOULU...

VOUS AVEZ SANS DOUTE REMARQUÉ QUE CE QUESTIONNAIRE ÉTAIT D'UN NIVEAU TROP ÉLEVÉ POUR DES ASPIRANTS COMME VOUS...

... DEUX NINJAS DE CLASSE MOYENNE QUI CONNAISSAIENT TOUTES LES RÉPONSES.

POUR VOUS FACILITER LA TÂCHE, NOUS AVIONS PLACÉ, INCOGNITO PARMI VOUS...

EN FAIT, LE PRINCIPE DE CETTE ÉPREUVE ÉTAIT... QUE VOUS TRICHIEZ !

TSSS ...

GLOUPS...

TU M'ÉTON-NES ! IL M'A BIEN FALLU QUELQUES MINUTES !

ÇA N'A PAS ÉTÉ FACILE DE LES LOCALI-SER, HEIN ?

HEIN ?!

C'EST PAS VRAI ?!

FAUDRAIT VRAIMENT ÊTRE LE DERNIER DES IMBÉCILES POUR NE PAS S'EN ÊTRE APERÇU !!

NAAHAHAHAHAHAHAHAHAHAH

AHA HAHAH !! BIEN SÛR ! C'ÉTAIT ÉVIDENT !

FLUP

FRRT **FRRT**

ET SE SONT FAIT ÉLIMI-NER...

BREF... TOUJOURS EST-IL QUE CERTAINS N'ONT PAS ÉTÉ ASSEZ DISCRETS...

IL S'IMAGINE QUE SON BLUFF VA MARCHER ...

PAS VRAI, HINATA ?!

EUH... OUI...

LA COLLECTE D'INFORMATIONS S'AVÈRE PARFOIS D'UNE IMPORTANCE CRUCIALE.

WHAM

ET LORS D'UNE MISSION OU D'UNE BATAILLE, IL FAUT PARFOIS RISQUER SA VIE POUR LES ARRACHER À L'ADVERSAIRE...

ÇA NE RISQUE PAS DE M'ARRIVER : JE NE LAISSERAI JAMAIS PERSONNE ME FAIRE PRISONNIER...

HÉ HÉ... CE QU'IL CACHE SOUS SES GANTS DOIT ÊTRE PIRE...

....!

GLURPS

ET BEN..! BRÛLURES, TRACES DE VRILLES ET BALAFRES... CE TYPE EST PASSÉ PAR UNE SALLE DE TORTURE !

GLOUPS...

... IL Y A DES RISQUES QUE LES INFORMATIONS QUE VOUS AVEZ RÉCOLTÉES, NE SOIENT PLUS VALABLES...

SI VOUS VOUS ÊTES FAIT REPÉRER PAR L'ENNEMI OU UNE TIERCE PERSONNE...

...

C'EST POUR ÇA QUE NOUS AVONS DÉCIDÉ DE VOUS FORCER À TROUVER UN MOYEN DE TRICHER POUR CONNAÎTRE LES RÉPONSES.

DÉTENIR DES INFORMATIONS ERRONÉES...

SOUVENEZ-VOUS BIEN DE ÇA !!

... C'EST METTRE EN DANGER LA VIE DE SES CAMARADES... ÇA PEUT MÊME ENTRAÎNER LA PERTE TOTALE DU VILLAGE !!!

C'ÉTAIT UN MOYEN TRÈS EFFICACE POUR EFFECTUER UNE PREMIÈRE SÉLECTION, EN ÉLIMINANT LES ÉLÉMENTS LES MOINS BRILLANTS... VOILÀ ! VOUS SAVEZ TOUT !

N'EMPÊCHE QUE JE NE COMPRENDS TOUJOURS PAS L'INTÉRÊT DE LA DERNIÈRE QUESTION...

...

... QUI ÉTAIT LA PLUS IMPORTANTE DE L'ÉPREUVE !

POURTANT, C'EST CETTE 10ᵉ QUESTION ...

VOUS AVIEZ LE CHOIX...

JE VAIS VOUS EXPLIQUER...

CONTINUER, OU BIEN... ABANDONNER !

AH BON...? COMMENT ÇA ?

...

?

COMMENT RÉAGIR FACE À UNE TELLE ALTERNATIVE...?

... ILS PERDENT À TOUT JAMAIS LE DROIT DE SE PRÉSENTER À CET EXAMEN.

CEUX QUI PRÉFÈRENT ABANDONNER, ENTRAÎNENT LES DEUX AUTRES MEMBRES DE LEUR ÉQUIPE AVEC EUX... ET SI CEUX QUI ONT DÉCIDÉ DE CONTINUER RÉPONDENT MAL À LA QUESTION...

UN CHOIX BIEN DIFFICILE À FAIRE, IL VA SANS DIRE...

SUPPOSONS QUE VOUS SOYEZ PASSÉS "MOYENNES CLASSES"...

POSONS-LA EN D'AUTRES TERMES...

...

ET VOUS NE POUVEZ PAS SAVOIR NON PLUS, S'ILS N'ONT PAS DISPOSÉ DES PIÈGES À VOTRE INTENTION...

QUE FERIEZ-VOUS ALORS ? VOUS ACCEPTERIEZ DE FAIRE LA MISSION, OU VOUS LA DÉCLINERIEZ ?

VOUS IGNOREZ TOUT DES NINJAS DU CAMP ADVERSE : LEUR NOMBRE, LES TECHNIQUES QU'ILS UTILISENT, LES ARMES QU'ILS MAÎTRISENT... VOUS NE SAVEZ RIEN !

ON VOUS CONFIE UNE MISSION QUI CONSISTE À DÉROBER UN PARCHEMIN SECRET...

ÉVIDEMMENT, LA RÉPONSE EST "NON" !

... PARCE QUE VOUS CRAIGNEZ POUR VOTRE VIE, OU POUR CELLE DES MEMBRES DE VOTRE ÉQUIPE ?

PENSEZ-VOUS POUVOIR VOUS DÉFILER...

...

... ÊTRE CAPABLE DE SURMONTER L'ADVERSITÉ !

INSUFFLER DU COURAGE À SES COMPA-GNONS, ET...

IL Y A DES MISSIONS AUXQUELLES ON NE PEUT SE SOUSTRAIRE !!!

QU'IMPORTENT LES RISQUES ENCOURUS !

VOICI QUELLES SONT LES PRINCIPALES QUALITÉS REQUISES POUR ACCÉDER AU NIVEAU DE MOYENNE CLASSE !

... NE MÉRITENT PAS DE DEVENIR "MOYENNES CLASSES" !!

D'APRÈS MOI, TOUS CES POLTRONS DONT LA VOLONTÉ N'EST PAS FERMEMENT ARRÊTÉE...

CELUX QUI RECULENT DEVANT L'INCERTITUDE EN SE DISANT QU'ILS POURRONT TOUJOURS REVENIR L'ANNÉE SUIVANTE...

CEUX QUI ONT PEUR DE RISQUER LEUR VIE...

CEUX QUI RENONCENT SANS TENTER LEUR CHANCE...

BOM

ドキ

ドキ

BOM

BAM

JE NE SUIS PAS UN LÂCHE !!

JE VOUS CROIS CAPABLES DE FAIRE FACE AUX NOMBREUSES DIFFICULTÉS QUI NE MANQUERONT PAS DE SE DRESSER DEVANT VOUS, DURANT LES ÉPREUVES SUIVANTES...

JE CONSIDÈRE DONC QUE VOUS AVEZ RÉPONDU BRILLAMMENT À LA 10ᵉ QUESTION !

JE NE ME DÉFI-LE-RAI PAS !!

MAIS VOUS, VOUS AVEZ DÉCIDÉ DE CONTINUER.

IL NE ME RESTE QU'À VOUS SOUHAITER BONNE CHANCE POUR LA SUITE !

VOUS VENEZ DE PASSER LA PREMIÈRE PORTE... LA PREMIÈRE ÉPREUVE DE "L'EXAMEN DE SÉLECTION DES NINJAS DE MOYENNE CLASSE" EST TERMINÉE !

IL EST VRAIMENT SPÉCIAL, CELUI-LÀ...

HÉ HÉ...

SUPER !! VOUS POUVEZ COMPTER SUR MOI !!

SBLAM

ズズズズズ

SKRRRRSHH

ガッ

QU...
QUE SE
PASSE-
T-iL ?!

STAC

DÉCIDEMENT...
ELLE EST
INCORRIGIBLE !

PFFFF...

SKRRRSHH

ガリッ

JE SUIS L'EXAMINATRICE CHARGÉE DE LA DEUXIÈME ÉPREUVE DE L'EXAMEN !!

JE M'APPELLE ANKO MITARASHI !!!

PAS DE TEMPS À PERDRE ! ALLONS-Y !

SSSHHHHHH ∪~~∩ ...?!

SUIVEZ-MOI TOUS !!!

SECONDE ÉPREUVE

...

... CETTE EXAMINA-TRICE...

ELLE EST AUSSI EXCITÉE QUE NARUTO ...

FWOP

GRRR

CALME-TOI ET JETTE UN ŒIL SUR LA SALLE

157

CETTE PREMIÈRE ÉPREUVE ÉTAIT BEAUCOUP TROP FACILE !

78 CANDIDATS...?!

IBIKI ! TU AS LAISSÉ PASSER 26 ÉQUIPES ?!

AVEC CE QUE JE LEUR AI PRÉPARÉ, IL N'EN RESTERA MÊME PAS LA MOITIÉ, À L'ISSUE DE LA DEUXIÈME ÉPREUVE !!!

SELONDE ÉPREU

SOUS LA DIRECTION D'ANKO MITARASHI !!

PFUIH ! ENFIN, PEU IMPORTE !!!

... QU'IL Y AVAIT BEAUCOUP DE BONS CANDIDATS.

DISONS PLUTÔT...

VENEZ AVEC MOI ! JE VOUS EXPLIQUERAI EN QUOI CONSISTE L'ÉPREUVE, LORSQUE NOUS SERONS SUR PLACE !!

J'EN AI DES FRISSONS D'EXCITATION !

CO... COMMENT ?! LA MOITIÉ DES ÉQUIPES RESTANTES VA SE FAIRE ÉLIMINER ?!

MAIS C'EST TERRIBLE !!

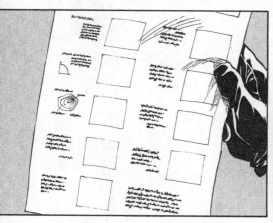

!

"NARUTO UZUMAKI"... DÉCIDÉMENT, IL N'EST VRAIMENT PAS COMME LES AUTRES, CE GAMIN...

PASSER LA PREMIÈRE ÉPREUVE AVEC UNE COPIE BLANCHE, IL FAUT LE FAIRE !!!

HÉ HÉ !

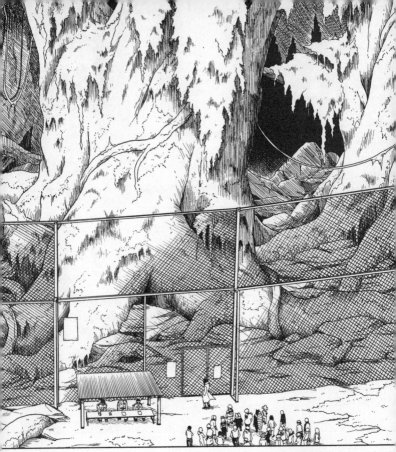

ENTRÉE
INTERDITE

コ"ク ... GLOUPS...

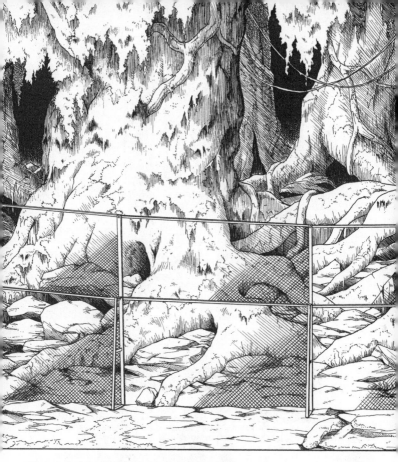

... AUTREMENT BAPTISÉE "LA FORÊT DE LA MORT" !!

VOILÀ ! C'EST ICI QUE SE DÉROULERA LA DEUXIÈME ÉPREUVE DE L'EXAMEN, DANS LA ZONE D'ENTRAÎNEMENT N° 44...

LES PLANCHES RATÉES QUI TÉMOIGNENT DE L'EXIGENCE DE MASASHI KISHIMOTO - 2

LES CROQUIS TOUT GRIBOUILLÉS QUI FIGURENT CI-DESSUS, CORRESPONDENT À UN PREMIER JET POUR UNE SCÈNE D'ACTION. DANS "NARUTO", LES SCÈNES DE CE TYPE SONT TRÈS IMPORTANTES, ET IL FAUT ABSOLUMENT TENIR COMPTE DE L'ENCHAÎNEMENT DES ATTAQUES. AUSSI, AU STADE DE L'AGENCEMENT DES PLANCHES, JE DESSINE TOUJOURS SUR DES FEUILLES DE FORMAT A3. J'ESSAIE, AUTANT QUE POSSIBLE, DE FIXER À L'AVANCE LE NOMBRE DE PAGES SUR LESQUELLES LA SCÈNE VA SE DÉROULER, PUIS JE DESSINE EN M'INGÉNIANT À TROUVER DES DÉCOUPAGES DE CASES DYNAMIQUES, ET DES ANGLES DE VUE ORIGINAUX. ENSUITE, JE NUMÉROTE CHACUNE DES CASES DANS L'ORDRE D'ENCHAÎNEMENT DES ACTIONS, PUIS JE REPÈRE ALORS LES SCÈNES LES PLUS DÉTONANTES... ET JE RÉFLÉCHIS AU MOYEN LE PLUS ADAPTÉ POUR QU'ELLES SOIENT MISES EN VALEUR LE MIEUX POSSIBLE, EN LEUR ATTRIBUANT UNE DOUBLE PAGE PAR EXEMPLE. APRÈS CELA, JE PEUX ENFIN COMMENCER LA NUMÉROTATION DÉFINITIVE, ET DISPOSER LES DESSINS, PAGE PAR PAGE. EN GÉNÉRAL, JE DESSINE TOUJOURS PLUS DE SCÈNES QU'IL N'Y A DE PLACE, ET JE SUIS SOUVENT FORCÉ D'EN SUPPRIMER, MÊME SI ÇA ME DÉCHIRE LE CŒUR DE VOIR TOUS CES DESSINS PASSER À LA TRAPPE.

ET VOILÀ ! ENCORE UNE RAISON QUI FAIT QUE JE SUIS TOUJOURS EN RETARD POUR DESSINER LES PLANCHES DE "NARUTO" !

45e ÉPISODE : LA SECONDE ÉPREUVE !!

HE HE HE...

C'EST PLUTÔT LUGUBRE COMME ENDROIT...

...

...

... POURQUOI ON SURNOMME CE LIEU "LA FORÊT DE LA MORT" !

VOUS NE TARDEREZ PAS À COMPRENDRE...

ET BEN, ÇA N'MARCHE PAS DU TOUT !! JE NE SUIS PAS DU TOUT IMPRESSIONNÉ !!!

VOUS CROYEZ NOUS FAIRE PEUR ?!

HMM...

... POURQUOI ON SURNOMME CE LIEU "LA FORÊT DE LA MORT" !

"VOUS NE TARDEREZ PAS À COMPRENDRE...

BOILING

FWSSH

FWSSH

QUEL COURAGE...

VRAIMENT...?

SMILE

164

STAC

FWSSH!

CE SONT LES PETITS FANFARONS DE TON ESPÈCE QUI MEURENT LES PREMIERS ! HÉ HÉ HÉ...

STAP

!!

!!

FWASH

!!

LA PLUPART DU TEMPS, LEUR SANG GICLE À FLOTS, COMME J'AIME ♡

SLUP

SLURP

KSHIIIM

SLUP

À MOINS QUE TU NE VEUILLES ÉCOURTER TA VIE...

SNAP

SLURP

JE TE CONSEILLE CEPENDANT DE NE PAS T'APPROCHER DE MOI PAR DERRIÈRE...

... EN DÉGAGEANT UNE AURA SI MEURTRIÈRE.

NARUTO...

...

ET PUIS JE ME SUIS LAISSÉ EMPORTER PARCE QUE VOUS AVEZ COUPÉ L'UN DE MES PRÉCIEUX CHEVEUX...

DÉSOLÉ... JE PERDS LE CONTRÔLE DE MOI-MÊME LORSQUE JE VOIS DU SANG FRAIS COULER...

SHLUUUUP

ELLE EST BARGE !!!

QU'EST-CE QUE C'EST QUE CETTE EXAMINA-TRICE...?!

DÉSOLÉE POUR TES CHEVEUX.

D'AILLEURS, CE DRÔLE DE TYPE N'A PAS L'AIR MIEUX...

QUELLE LANGUE GIGANTESQUE ! D'OÙ IL SORT ÇA ?

STAP

HE HE HE... ÇA PROMET DU SPECTACLE...

IL SEMBLE Y EN AVOIR QUI ONT LE SANG CHAUD, CETTE ANNÉE...

MAIS LA PLUS TARÉE DU TAS, C'EST TOI !

SMILE

FLAP

CERTIFICAT DE CONSENTEMENT

... IL Y A DE LA PAPERASSE À RÉGLER !

BIEN ! AVANT QUE NOUS NE COMMEN-CIONS LA DEUXIÈME ÉPREUVE...

!

... IL S'AGIT D'UNE ÉPREUVE DE SURVIE, DANS DES CONDITIONS EXTRÊMES !

EN UN MOT...

PASSONS AUX EXPLICATIONS CONCERNANT L'ÉPREUVE !

FAIS PAS-SER !!!

TOUT D'ABORD, JE VAIS VOUS PRÉSENTER...

... LA TOPOGRAPHIE DES LIEUX !

FLUP
しゅる

ENCORE UNE GALÈRE ! IL EST VRAIMENT RELOU, CET EXAM' !

PFFF ! UNE ÉPREUVE DE SURVIE !

FLAP

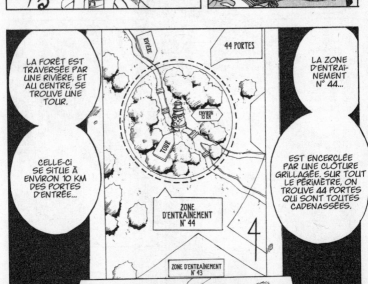

LA FORÊT EST TRAVERSÉE PAR UNE RIVIÈRE, ET AU CENTRE, SE TROUVE UNE TOUR.

CELLE-CI SE SITUE À ENVIRON 10 KM DES PORTES D'ENTRÉE...

RIVIÈRE

44 PORTES

ENVIRON 10 KM

TOUR

ZONE D'ENTRAÎNEMENT N° 44

4

ZONE D'ENTRAÎNEMENT N° 43

LA ZONE D'ENTRAÎ-NEMENT N° 44...

EST ENCERCLÉE PAR UNE CLÔTURE GRILLAGÉE. SUR TOUT LE PÉRIMÈTRE, ON TROUVE 44 PORTES QUI SONT TOUTES CADENASSÉES.

IL S'AGIT D'EXERCER TOUTE VOTRE HABILETÉ AU MANIEMENT DES ARMES, DU NINJUTSU...

VOUS ALLEZ DONC PÉNÉTRER DANS CETTE ZONE ET TENTER DE SURVIVRE, TOUT EN ACCOMPLISSANT LE PROGRAMME QUE NOUS VOUS AVONS CONCOCTÉ.

FWUSH

... AFIN DE VOUS EMPARER, PAR LA FORCE, DE ROULEAUX !!

... ET DE TOUT CE QUE VOUS VOULEZ D'AUTRE...

ZUP

IL Y EN A DE DEUX SORTES : "ROULEAU DU CIEL" ET "ROULEAU DE LA TERRE"... VOUS DEVREZ VOUS BATTRE POUR LES POSSÉDER.

CIEL

TERRE

DES ROULEAUX ?

TOUT JUSTE !

天
CIEL

LA MOITIÉ D'ENTRE ELLES, SOIT 13 ÉQUIPES, RECEVRONT UN "ROULEAU DE LA TERRE".

VOUS ÊTES 78.

地
TERRE

CHAQUE ÉQUIPE AURA DONC UN ROULEAU EN SA POSSESSION.

L'AUTRE MOITIÉ RECEVRA UN "ROULEAU DU CIEL".

IL Y A DONC 26 ÉQUIPES PRÉSENTES.

... DE VOUS EMPARER DU ROULEAU QUI VOUS MANQUE ET...

CIEL

TERRE

... DE VOUS RENDRE, AVEC VOTRE ÉQUIPE AU COMPLET, À LA TOUR QUI SE TROUVE AU CENTRE DE LA ZONE.

LA CONDITION POUR ÊTRE REÇU À CETTE ÉPREUVE EST...

CETTE SECONDE ÉPREUVE DURERA 120 HEURES...

SOIT 5 JOURS EXACTEMENT !

... ET VOUS DEVEZ AGIR DANS UN TEMPS LIMITÉ.

L'EXAMEN PRENDRA DONC FIN POUR, AU MOINS, LA MOITIÉ D'ENTRE NOUS...

ÇA VEUT DIRE QUE LES 13 ÉQUIPES QUI SE SERONT FAIT DÉROBER LEUR ROULEAU, SERONT ÉLIMINÉES...

IL Y A TOUT CE QU'IL FAUT DANS CETTE FORÊT.

TOUTEFOIS, PRENEZ GARDE AUX ANIMAUX CARNIVORES, AUX PIQÛRES D'INSECTES EMPOISONNÉES, ET AUX PLANTES TOXIQUES.

VOUS DEVREZ SUBVENIR VOUS-MÊMES À VOS BESOINS !!!

MAIS COMMENT ON VA MANGER ?!

5 JOURS ?!

VOS ENNEMIS ET DE NOMBREUX DANGERS VOUS GUETTERONT DE TOUTES PARTS. VOUS NE POURREZ MÊME PAS DORMIR TRANQUILLEMENT.

EN REVANCHE, VOUS AUREZ DE MOINS EN MOINS DE TEMPS POUR REPRENDRE VOS FORCES.

PLUS LE TEMPS PASSERA, PLUS VOUS VOUS ENFONCEREZ DANS LA FORÊT, ET PLUS LE CHAMP D'ACTION QUE VOUS DEVREZ COUVRIR S'ÉLARGIRA.

D'AUTRE PART, JE ME DOIS DE VOUS PRÉCISER QU'IL EST HAUTEMENT IMPROBABLE QUE 13 ÉQUIPES PARVIENNENT À ACCOMPLIR LE PROGRAMME JUSQU'AU BOUT.

GLOUPS

IL Y EN AURA FORCÉMENT, PARMI VOUS, QUI NE SURVIVRONT PAS AUX RIGUEURS EXTRÊMES QUI VOUS ATTENDENT.

IL N'Y A PAS QUE LES ÉQUIPES QUI SE SERONT FAIT DÉROBER LEUR ROULEAU QUI SERONT ÉLIMINÉES...

PREMIÈREMENT: SERONT DISQUALIFIÉES, TOUTES LES ÉQUIPES QUI NE SE SERONT PAS RENDUES À LA TOUR DANS LE TEMPS IMPARTI...

FWUSH

AVEC LES DEUX ROULEAUX EN LEUR POSSESSION, ET LEURS MEMBRES AU COMPLET !

ET MAINTENANT, IL EST TEMPS DE VOUS EXPLIQUER QUELS SONT LES CRITÈRES DE DISQUALIFI-CATION !

VOUS DEVREZ PASSER 5 JOURS COMPLETS DANS LA FORÊT !

PAS D'ABANDON EN COURS DE ROUTE !

ET PUIS, UNE RÈGLE FONDA-MEN-TALE...

DEUXIÈME CONDITION: LES ÉQUIPES DONT UN OU PLUSIEURS MEMBRES SERONT SOIT MORTS, SOIT HORS D'ÉTAT DE COMBATTRE, SERONT AUSSI ÉLIMINÉES !

174

... VOUS NE DEVEZ, EN AUCUN CAS, REGARDER CE QUE CONTIENNENT LES ROULEAUX, AVANT D'ÊTRE ARRIVÉS À L'INTÉRIEUR DE LA TOUR !

ENFIN, POUR FINIR...

ÇA, C'EST UNE SURPRISE QUE DÉCOUVRIRONT CEUX QUI DÉSOBÉIRONT ! ♡

QUE SE PASSERA-T-IL, SI ON Y JETTE UN OEIL AVANT ?

NOUS VOUS REMETTRONS UN ROULEAU, EN ÉCHANGE DES 3 CERTIFICATS DE CONSENTEMENT DE VOTRE ÉQUIPE.

VOILÀ POUR LES EXPLICATIONS.

ENSUITE, NOUS VOUS FERONS CONNAÎTRE LE NUMÉRO DE VOTRE PORTE DE DÉPART, ET NOUS DONNERONS LE SIGNAL, POUR QUE TOUS PARTENT EN MÊME TEMPS !

?

SI VOUS PASSEZ "MOYENNES CLASSES", IL ARRIVERA QUE VOUS AYEZ À TRANSPORTER DES INFORMATIONS ULTRA-CONFIDEN-TIELLES.

IL FAUT DONC QUE NOUS TESTIONS VOTRE INTÉGRITÉ.

TÂCHEZ DE RESTER EN VIE !

UN DERNIER CONSEIL POUR FINIR...

FLAP

LES ROULEAUX SONT PRÊTS. VOUS POUVEZ VENIR LES PRENDRE, UNE ÉQUIPE APRÈS L'AUTRE.

AVEC ÇA, PAS MOYEN DE SAVOIR QUELLE ÉQUIPE POSSÈDE QUEL TYPE DE ROULEAU, NI LEQUEL DES 3 MEMBRES LE PORTE...

BIEN JOUÉ, LE COUP DU RIDEAU !...

STAP

TOUS LES AUTRES SONT DES ENNEMIS !!

LE PRINCIPE DE L'EXAMEN EST DE COLLECTER DES INFORMATIONS AU PÉRIL DE SA VIE...

C'EST CE QUE DISAIT L'EXAMINATEUR DE LA PREMIÈRE ÉPREUVE...

JE CROIS QU'ILS COMMENCENT À COMPRENDRE POURQUOI JE LEUR AI DEMANDE DE SIGNER CE CERTIFICAT DE CONSENTEMENT...

HÉ HÉ...

FATALEMENT, IL Y AURA DES LUTTES À MORT...

ET TOUS CEUX QUI SONT VENUS JUSQU'ICI, SONT DÉTERMINÉS À ALLER JUSQU'AU BOUT.

CERTIFICAT DE CONSENTEMENT

178

PORTE 15
L'ÉQUIPE DE TROIS
MYSTÉRIEUX NINJAS
DE KUSA NO KUNI

PORTE 41
NEJI-LEE-
TENTEN

REGARDEZ-MOI, MAÎTRE GAÏ ! JE VAIS DONNER LE MEILLEUR DE MOI-MÊME !

PASH

CONFORMEZ-VOUS AUX INSTRUCTIONS DES SURVEILLANTS, ET RENDEZ-VOUS À VOTRE PORTE DE DÉPART !!

LE SIGNAL SERA DONNÉ DANS 30 MINUTES !!!

TCHAC

Et si nous prenions un nouveau départ...

MON HISTOIRE

Dessin:
Aruko
アルコ

Scénario:
Kazune Kawahara
河原和音

*Il n'avait rien
pour plaire,
et pourtant...*

Série finie
en 13 tomes.

kana

www.kana.fr

version française

Letter Bee

HIROYUKI ASADA

20

UN SHONEN D'HÉROÏC FANTASY !

Dans des territoires peuplés de monstres-insectes
et plongés dans une nuit éternelle vivent et travaillent,
au péril de leur vie, des agents postaux très spéciaux :
les Letter Bees !

Le jeune Lag porte sur lui un bon de livraison :
Lag est le premier colis que Gauche, le Letter Bee,
doit livrer ! L'aventure ne fait que commencer !!

www.kana.fr   SHONEN – Série finie en 20 tomes

LE SANG DES DÉMONS COULE DANS SES VEINES

Série finie en 25 tomes

Shonen Kana

www.kana.fr

La règle du jeu est simple :
survivre !

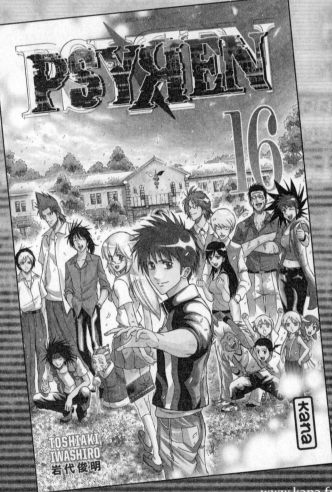

TOSHIAKI
IWASHIRO
岩代俊明

Série terminée en 16 tomes - Shonen Kana

Vampires,
ma soif de vengeance
est bien plus forte
que votre soif de sang !

SCÉNARIO Takaya Kagami
DESSIN Yamato Yamamoto
STORY-BOARD Daisuke Furuya

22

Seraph of the end

VERSION FRANÇAISE

ASSASSINATION CLASSROOM

LA CLASSE QUI TUE !

ASSASSINATION CLASSROOM

YŪSEI MATSUI

松井優征

1

Kana

version française

Kana

www.kana.fr

SÉRIE FINIE EN 21 TOMES

Ce manga est publié dans son sens
de lecture originale, de droite à gauche.

Ici, vous êtes donc à la fin.

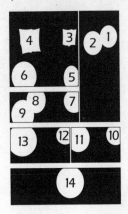

NARUTO

NARUTO © 1999 by Masashi Kishimoto
All rights reserved.
First published in Japan in 1999 by SHUEISHA Inc., Tokyo.
French translation rights in France and French-speaking Belgium, Luxembourg, Switzerland and Canada
arranged by SHUEISHA Inc. through VME PLB SAS, France.

© KANA 2003
© KANA (DARGAUD-LOMBARD s.a.) 2022
7, avenue P-H Spaak - 1060 Bruxelles
24e édition

Tous droits de traduction, de reproduction et d'adaptation
strictement réservés pour la France, la Belgique,
la Suisse, le Luxembourg et le Québec.

Achevé d'imprimer en mars 2022 • Dépôt légal : janvier 2003
d/2003/0086/12 • ISBN 978-2-8712-9491-7

Traduit et adapté en français par Sylvain Chollet
Conception graphique : Les Travaux d'Hercule
Adaptation graphique : Éric Montésinos

Imprimé et relié en Italie par GRAFICA VENETA
Via Malcanton 2, 35010 Trebaseleghe (Pd)

PEFC
PEFC/18-31-226

Certifié PEFC

Ce produit est issu
de forêts gérées
durablement et de
sources contrôlées.

www.pefc.be